সলোমনের রত্নভাণ্ডার

তরুণ রায়চৌধুরী

Solomoner Ratnabhandar
A collection of non fiction stories written by
Tarun Roychowdhury

Copyright © 2024 Tarun Roychowdhury
All Rights Reserved.

Front cover picture courtesy:
Nick115 via Pixabay

Made with ❤ on the Notion Press Platform
www.notionpress.com

উৎসর্গ

বই পড়তে যারা ভালবাসেন তাদের সবাইকে

কৃতজ্ঞতা

অরুণ চট্টোপাধ্যায়
হাননান আহসান
বনানী রায়চৌধুরী
মানস সরকার
তপন রায়চৌধুরী
সুবীরকুমার ঘোষ
সুজিত চক্রবর্তী
সমর পাল
সায়ন্তন প্রধান
মধুমন্তী রায়চৌধুরী

সূচিপত্র

নীলকুঠীর ইতিবৃত্ত	৯
ইতিহাসের মহাসড়ক	১৫
সত্যের সন্ধানে হিউয়েন সাঙ	২৩
দুই যুগের মিলনক্ষেত্র কুমরাহার	৩৩
শূন্যতা ও বামিয়ান বুদ্ধ	৩৮
সলোমনের রত্নভাণ্ডার	৪৫
উত্তর মেরু অভিযান	৫৩
লিমার ভ্যানিলার দেশে	৫৭
চল যাই গ্রেট নিকোবর	৬২
হারিয়ে যাচ্ছে আরল সাগর	৬৭
তামাকের সাতকাহন	৭১
বিমান দুর্ঘটনা ও রাষ্ট্রনায়কদের মৃত্যু	৭৬
সেতু কাহিনী	৮১

নীলকুঠীর ইতিবৃত্ত

ইছামতির পাড়ে পারমাদন অভয়ারন্যের প্রবেশপথ। ডিঙি নৌকায় নদী পেরোলেই মঙ্গলগঞ্জ। সে এক ভুতুড়ে জায়গা। এখানে আছে কাটা সাহেবের কুঠী। বনগাঁ থেকে সহজেই আসা যায়। সময় লাগে ১ ঘণ্টারও কম। স্থানীয়দের বলতে শোনা যায় রাতে সেই কুঠীর আশেপাশে মুন্ডহীন শরীর নিয়ে ঘোড়ায় চেপে ঘুরে বেড়ায় সাহেব। ভয়ে তখন কেউ এখানে আসে না। সাহেব ছিল একজন নীলকর। মঙ্গলগঞ্জে সাহেবের কুঠীটি একটি প্রাচীন নীলকুঠী। নীলকর শব্দের অর্থ নীল প্রস্তুতকারী। নীলকুঠী হল নীল-খামার বা নীল তৈরির কারখানা। এখন সেটি পরিত্যক্ত। কেউ সেখানে থাকে না।

নীল একটি ভেষজ রং। সেটি তৈরি হয় গুল্মজাতীয় বেশকিছু প্রজাতির নীলগাছের পাতা থেকে। প্রাচীনকাল থেকেই পৃথিবীর বিভিন্ন দেশে মানুষের নানা প্রয়োজনে নীলের ব্যবহারের কথা শোনা যায়। তবে বস্ত্রশিল্পে নীল যে খুব গুরুত্বপূর্ণ সে বিষয়ে সন্দেহের কোন অবকাশ নেই। পুরাতাত্ত্বিকদের অনুমান সিন্ধু সভ্যতায় মানুষ নীল চাষ করত। কাপড়ে ব্যবহার করা হত নীল। ভারতে নীলগাছের একটি উল্লেখযোগ্য প্রজাতির নাম ইন্ডিগোফেরা টিঙ্কটোরিয়া। এর যৌগিক পাতা অনেকটা পাখির পালকের মত। ফুলের রঙ গোলাপি। দেখতে ভারি সুন্দর।

সেইসময় ভারতের নীল চলে যেত সুদুর মেসোপটেমিয়ায়। পরবর্তীকালে আরব বনিকদের মাধ্যমে সেই নীল পৌঁছে যায় ভুমধ্যসাগরীয় অঞ্চলে। সেখান থেকে ইওরোপের নানা দেশে। রোমান দার্শনিক প্লিনি দ্য এলডার তাঁর লেখায় ভারত থেকে আমদানি করা নীলকে 'ইন্ডিগো' নামে উল্লেখ করেছেন। কম জোগান আর প্রচুর চাহিদা থাকায় ইওরোপে ভারতীয় নীল ছিল খুব দামি। ১৪৯৮ সালে পর্তুগীজ অভিযাত্রী ভাস্কো দা গামা ভারতে আসার পর নীল সহজেই পৌঁছে যায় ইওরোপের নানা দেশে। ইওরোপে তখন 'ওড' গাছ থেকে উৎপন্ন নীলের রমরমা। উৎকর্ষতায় সেই নীল ছিল ভারতীয় নীলের অনেক পেছনে। সংকটে পড়ে ইওরোপের নীল শিল্প। অগত্যা সেখানে জারি হয় ভারতের নীল আমদানির উপর নিষেধাজ্ঞা।

এরপর নীল চাষ শুরু হয় ক্যারিবিয়ান দ্বীপপুঞ্জ ও দক্ষিণ আমেরিকার অনেক ইওরোপীয় উপনিবেশে। ক্যারিবিয়ান দ্বীপপুঞ্জে নীল চাষের ব্যাপারে প্রথমেই বলতে হয় ফরাসীদের কথা। হিসপ্যানিওলা দ্বীপের পশ্চিম অংশে ছিল তাঁদের উপনিবেশ সেন্ট ডমিনিগ। বর্তমানে একটি স্বাধীন দেশ হাইতি। সেখানেই শুরু হয়েছিল ফরাসীদের নীল চাষ। সেই কাজে লাগান হত আফ্রিকা থেকে আনা ক্রীতদাসদের। হাইতির পশ্চিমে জামাইকা। চাহিদা মেটাতে ইংরেজরা সেখানে নীল চাষ শুরু করে। সেইসময় নীল চাষের ব্যাপারে দক্ষিণ আমেরিকার ভেনিজুয়েলা ও ব্রাজিলে ছিল যথাক্রমে স্প্যানিস ও পর্তুগীজদের আধিপত্য। ১৮ শতাব্দীর প্রথমার্ধে ব্রিটিশ উপনিবেশ দক্ষিণ ক্যারোলিনায় নীল চাষ শুরু হলে সেখান থেকে প্রচুর পরিমান নীল ইংল্যান্ডে রপ্তানি হতে থাকে বেশকিছু বছর। আমেরিকার স্বাধীনতার পর দক্ষিণ ক্যারোলিনা ব্রিটিশদের হাতছাড়া হয়। ফলে সেখানকার নীল আর ইংল্যান্ডে প্রবেশ করে না। ইতিমধ্যে বস্ত্রশিল্পের প্রভূত উন্নতি হওয়ায় সেদেশে নীলের চাহিদা ভীষণভাবে বেড়ে যায়। সেই অবস্থায় ইংরেজরা ভারত থেকে নীল সংগ্রহের উপর জোর দেয়।

১৭৭৭ সালে বাংলায় নীল চাষ শুরু করেন ফরাসী নীলকর লুইস বোনো। হুগলী জেলায় ছিল তাঁর নীলকুঠী। নীলকুঠীতে থাকে ইটের চিমনি ও বড় বড় চৌবাচ্চা। নীলগাছের পাতা ভেজান ও গাঁজানোর প্রক্রিয়া শেষ হলে একটি চৌবাচ্চা থেকে নীলের উপাদান মেশান হালকা সবুজ জল চলে আসে অন্য একটি চৌবাচ্চায়। শ্রমিকরা সেখানে পায়ের সাহায্যে জোরে জোরে জলে ঝাপটা দেয়। বায়ুমন্ডলের অক্সিজেন জলে ঢুকলে জারন প্রক্রিয়ার মাধ্যমে জল থেকে নীল আলাদা হয়ে নিচে থিতিয়ে পড়ে।

চিমনির তলায় সেই থিতিয়ে পড়া নীল অন্য একটি পাত্রে গরম করা হয়। নীল তৈরির পদ্ধতিতে এই প্রক্রিয়াগুলো খুব গুরুত্বপূর্ণ। এরপর শুরু হয় নীল ছাঁকা, শুকান, প্যাকিং ও মজুতের কাজ।

পলাশী যুদ্ধের পর ভারতে ইস্ট ইন্ডিয়া কোম্পানীর প্রভাব উল্লেখযোগ্যভাবে বৃদ্ধি পায়। বাংলার মাটি ও জলবায়ু নীলচাষের পক্ষে খুব উপযুক্ত। ইস্ট ইন্ডিয়া কোম্পানী এদেশে নীলচাষে আগ্রহ প্রকাশ করলে স্কটল্যান্ড ও ইংল্যান্ড থেকে অনেক নীলকর ভারতে এসে পড়ে। তৎকালীন বাংলা ও বিহারে গড়ে ওঠে অনেক নীলকুঠী। নীলগাছের পাতা থেকে নীল তৈরি করতে প্রচুর জল লাগে। সেই কারনে নীলকুঠীগুলির অবস্থান হয় সাধারণত নদীর ধারে। শুধু তাই নয় নদীপথে নীল একজায়গা থেকে অন্য জায়গায় পাঠানোও খুব সহজ।

প্রথমদিকে নীলকররা জমিদারদের কাছ থেকে জমি ইজারা নিয়ে স্থানীয় রায়ত বা চাষিদের দিয়ে সেখানে নীল চাষ করত। এই প্রথার নাম ছিল 'নিজ'। লাভের পরিমান বাড়াতে পরবর্তীকালে তারা ইস্ট ইন্ডিয়া কোম্পানীর মদতে 'রায়তি' নামে নতুন আরেকটি প্রথা চালু করে। নীলকরদের সঙ্গে চুক্তির মাধ্যমে চাষিরা তাঁদের জমির কিছু অংশে নীল চাষ করতে বাধ্য হয়। বিহারের চম্পারন অঞ্চলে 'তিন কাঠিয়া' নামে এইধরনের একটি প্রথার কথা শোনা যায়। সেখানে ছিল প্রতি ১ বিঘা জমির মধ্যে ৩ কাঠা জমিতে নীল চাষের বাধ্যবাধকতা। চাষের যাবতীয় খরচ চাষিদের। যাদের টাকা নেই তাদের জন্য ছিল চড়া সুদে দাদন বা ঋণের ব্যবস্থা। উৎপন্ন ফসল নীলকররা কিনত তাদেরই ঠিক করা দামে। একসময় চাষিরা বুঝতে পারে নীল চাষ করে তাদের শুধু ক্ষতিই হচ্ছে না, অনেকে ক্রমেই ঋণের জালে জড়িয়ে পড়ছে।

প্রতিবাদ করলেই বিপদ। বেত্রাঘাত অতি সাধারণ ব্যাপার। অনেক নীলকুঠীতে ছিল গুমঘর। একসঙ্গে অনেককে আটকে রাখা হত সেখানে। মারা গেলে তাদের আর খোঁজ পাওয়া যেত না কোনদিন। বর্ধমান জেলায় কালিকাপুর গ্রামের একটি পরিত্যক্ত নীলকুঠী ইংরেজ নীলকরদের চরম অত্যাচারের কথা মনে করিয়ে দেয়। অনেক নিরীহ চাষিকে হত্যা করা হয়েছিল সেই নীলকুঠিতে। গ্রামবাসীদের ধারনা আজও তাদের আত্মা ঘুরে বেড়ায় সেখানে। রাতের অন্ধকারে শোনা যায় তাদের আর্তনাদ। ভয়ে সেইসময় কেউ কালিকাপুর নীলকুঠীর কাছে যায় না। বাংলাদেশের একটি

জেলার নাম নীলফামারী। এই শব্দটির সঙ্গে নীল-খামারের বেশ মিল লক্ষ্য করা যায়। নীলফামারী রেল স্টেশনের কাছেই নটখানা গ্রাম। এখানেও আছে রাস্তার ধারে মাঠের উপর একটি ব্রিটিশ যুগের নীলকুঠী। শোনা যায় সেখানে নীল চাষে অনিচ্ছুক অনেক চাষিকে ফাঁসিতে লটকানো হয়েছিল। চাষিদের পরিবারের মেয়েদের উপরও চালানো হত অকথ্য নির্যাতন। নীলকুঠীর ভেতরে ঢুকে সেকথা ভাবলেই গা ছমছম করে। সম্ভবত লটকানো শব্দটি থেকেই সেই গ্রামের নাম হয় নটখানা।

এবার যাওয়া যাক কাজলা নদীর ধারে। বাংলাদেশে মেহেরপুর জেলার ভাটপাড়া। এই জায়গার পুরানো ছবি দেখলে মন চলে যায় সুদুর অতীতে। কথিত আছে রাতে এখানে শোনা যেত ঘুঙুরের আওয়াজ। কখনো বা চাষিদের বুকফাটা আর্তনাদ। সামান্য অংশ ছাড়া এখানকার নীলকুঠীর আর বিশেষ কিছুই অবশিষ্ট নেই। ভাটপাড়া নীলকুঠী থেকে প্রায় ১২ কিলোমিটার দক্ষিন-পশ্চিমে সেই কাজলা নদীর পাড়েই আমঝুপি গ্রামে আছে আরেকটি নীলকুঠী। ৭৭ একরেরও বেশি জায়গা জুড়ে বাগান ঘেরা এই নীলকুঠীর অনেকগুলো ঘরের মধ্যে ১টি নাচঘরও রয়েছে। কখনো শোনা যায় মীরজাফর ও রবার্ট ক্লাইভ মিলে পলাশী যুদ্ধের ষড়যন্ত্র এখানেই করেছিলেন। সেটা যে ঠিক নয় একটু ভাবলেই তা বোঝা যায়। কারণ বাংলায় নীলকুঠী স্থাপিত হয়েছিল পলাশীর যুদ্ধের অনেক বছর বাদে।

আমঝুপির প্রায় ৬৪ কিলোমিটার দক্ষিণ-পূর্বে ঝিনাইদহ জেলার খালিশপুর। কপোতাক্ষ নদীর তীরে বিশাল একটি দোতলা নীলকুঠী ভগ্নপ্রায় অবস্থায় আজও এখানে মাথা উঁচু করে দাঁড়িয়ে। রাজশাহী থেকে প্রায় ৪৫ কিলোমিটার দূরে পদ্মা নদীর কাছে বাঘা। বাংলাদেশ রেশম উন্নয়ন বোর্ডের অধীনস্থ মীরগঞ্জ রেশম বীজ সংরক্ষণ কেন্দ্রের ভেতরে রয়েছে বহু প্রাচীন এক নীলকুঠী। এখানে এলে নীলগাছও দেখা যায়। পশ্চিমবঙ্গে উত্তর দিনাজপুর ও দক্ষিণ দিনাজপুরে যথাক্রমে করনদিঘী ও মহিপালের নীলকুঠীতে দেখা যায় নীলগাছের পাতা ভেজানোর চৌবাচ্চা। মুর্শিদাবাদে রঘুনাথগঞ্জের কাছে বালিঘাটা নীলকুঠীর অনেক উঁচু চিমনিটি আজও আছে। তবে সেই জেলার চাঁদপাড়ায় নীলকুঠীর একটি চিমনি ছাড়া কিছুই আর অবশিষ্ট নেই।

শোনা যায় ইংরেজ ধর্মযাজক উইলিয়াম কেরি একসময় মালদার মদনাবতী নীলকুঠীতে ম্যানেজার হিসাবে যোগ দিয়েছিলেন। মদনাবতী থেকে ৮০

কিলোমিটার দূরে মথুরাপুর। সেখানে ছিল ইংরেজ নীলকর জেমস হেনসি'র নীলকুঠী। ওখানে থেকেই তিনি ব্যবসা পরিচালনা করতেন। আবার এটাও শোনা যায় সেই নীলকুঠীটি ছিল ওলন্দাজদের তৈরি। কৃষ্ণনগরের কাছে জলঙ্গী নদীর পাড়ে মহেশগঞ্জে আছে দারুণ একটি হোম-স্টে 'বলাখানা'। একসময় এটি ছিল নীলকর জন এঞ্জেলো সেভি'র নীলকুঠি। ১৯ শতাব্দীর শেষ দিকে সেই নীলকুঠি কিনে নেন বাংলার বিশিষ্ট শিল্পপতি ও জমিদার বিপ্রদাস পালচৌধুরী। তবে এখন সেখানে নীল তৈরির কোন চিহ্নই নেই।

একসময় বাংলাদেশের নারায়ণগঞ্জ জেলায় সোনারগাঁও ছিল রেশম শিল্পের জন্য বিখ্যাত। ইংরেজরা ভারতে এসে নিজেদের স্বার্থে সেখানকার রেশম শিল্প ধ্বংস করে দেয়। নীলকুঠিতে পরিনত হয় সোনারগাঁওয়ের একটি বিখ্যাত রেশম বস্ত্র শিল্পের প্রতিষ্ঠান। ঢাকা থেকে সোনারগাঁও ৩৭ কিলোমিটার। তৈরির পর সেই নীলকুঠীতেই নীল মজুত করা হত। পশ্চিমবঙ্গে বীরভূম জেলায় লাভপুরের কাছে গুনুটিয়া। একসময় ময়ূরাক্ষীর পাড়ে সেই জায়গায় ছিল একটি রেশম কুঠী। শোনা যায় পরবর্তীকালে সেটিও নীলকুঠিতে পরিনত হয়েছিল।

ক্রমেই বেড়ে চলে নীলকরদের অত্যাচার। একসময় শুরু হয় প্রতিরোধ। এই ব্যাপারে অনেক জমিদার ও গ্রামের মোড়লদের সমর্থন ছিল। সম্ভবত ভাটপাড়া নীলকুঠীতেই থাকত অত্যাচারী নীলকর জেমস হিল। চাষিদের আক্রমণে প্রানভয়ে সে পালাতে বাধ্য হয়। বাংলাদেশেই মাদারীপুর জেলায় আউলিয়াপুর নীলকুঠী ছেড়ে পালিয়ে যায় নীলকর ডানলপ। কোন এক চাষির ধারালো কাস্তের আঘাতে বেঘোরে প্রাণ হারায় মঙ্গলগঞ্জ নীলকুঠীর সেই কাটা সাহেব। ১৮৫৯ সালে শুরু হয় নীল বিদ্রোহ। পশ্চিমবঙ্গের নদিয়া থেকে বিদ্রোহে নেতৃত্ব দেন বিষ্ণুচরন বিশ্বাস ও দিগম্বর বিশ্বাস। যশোর থেকে শোনা যায় বিশ্বনাথ সর্দারের নাম। সেই বিদ্রোহের আগুন দাবানলের মতো ছড়িয়ে পড়ে চারদিকে। নড়ে ওঠে ঔপনিবেশিক শক্তির ভিত।

১৮৬০ সালে প্রকাশিত হয় দীনবন্ধু মিত্রের বিখ্যাত নাটক 'নীল দর্পণ'। ফুটে ওঠে নীলকরদের অত্যাচারের জীবন্ত ছবি। নীল দর্পণের ইংরিজি অনুবাদ করেন মাইকেল মধুসুদন দত্ত। পাদরি জেমস লং'য়ের সম্পাদনায় সেটি প্রকাশিত হয় ১৯৬১ সালে। খুলে যায় নীলকরদের মুখোস। নীল কমিশনের প্রচেষ্টায় পরের বছর পাশ হয় নীল আইন। কাউকে দিয়ে জোর করে আর নীল চাষ করানো যাবে না। নীলকরদের কবল থেকে মুক্তি পায় চাষিরা।

১৮৯৭ সালে বাজারে আসে জার্মানির অ্যাডলফ ফন বেয়ারের আবিস্কার করা রাসায়নিক নীল। তারপরই তাসের ঘরের মত ভেঙে পড়ে নীলকরদের সাম্রাজ্য। অনেক নীলকুঠীর এখন আর কোন অস্তিত্ব নেই। লোভ, অত্যাচার, সহনশীলতা ও প্রতিরোধের সাক্ষী হয়ে কয়েকটি নীলকুঠী শুধু আজও দাঁড়িয়ে।

ইতিহাসের মহাসড়ক

প্রাচীনকাল থেকেই উত্তরপথ ছিল উত্তর ভারতের একটি প্রধান বানিজ্য পথ। মৌর্য্য যুগে এর বিস্তার ছিল তমলুক থেকে আফগানিস্তানের বলখ শহর পর্যন্ত। কৌটিল্যের অর্থ শাস্ত্র ও মেগাস্থিনিসের ইন্ডিকায় উত্তরপথের উল্লেখ আছে। সম্রাট অশোক তাঁর সাম্রাজ্যের নাম দেন জম্বুদ্বীপ। অনেকে বলেন সেখানে ছিল বিশাল একটি জামগাছ। জামের রস থেকে সৃষ্টি হয় অনেক নদী। জম্বুদ্বীপের উত্তর অংশটিকেও বলা হত উত্তরপথ। কখনো এও বলা হয় হিমালয় ও বিন্ধ্যপর্বতের মাঝখানে প্রধান বানিজ্য পথটি যেসব অঞ্চল দিয়ে গিয়েছিল সেই অঞ্চলগুলিকে নিয়েই উত্তরপথ।

অতীতে বিভিন্ন জায়গা যুক্ত ছিল উত্তরপথের সঙ্গে। বারানসী থেকে উজ্জয়িনী হয়ে একটি পথ বা রাস্তা ছিল পৈঠান পর্যন্ত। সেখানকার রেশম বস্ত্র খুব বিখ্যাত। মহারাষ্ট্রের আওরঙ্গাবাদ জেলায় গোদাবরী নদীর পাড়ে এই শহরটি একসময় সাতবাহন সাম্রাজ্যের রাজধানী ছিল। শোনা যায় শ্রাবস্তীর ধনী ব্যবসায়ী সুদত্ত রাজগীরে এসে ভগবান বুদ্ধের শিষ্য হন। সুদত্তের নতুন নাম হয় অনাথপিন্ডদ। শ্রাবস্তীতে তিনি স্থাপন করেন জেতবন বৌদ্ধবিহার। ভগবান বুদ্ধ সেখানে বহুবছর ছিলেন। সেইসময় শ্রাবস্তী থেকে অযোধ্যা, কৌশাম্বি, বিদিশা ও উজ্জয়িনী হয়ে আসা যেত অবন্তী রাজ্যের মহিষ্মতী শহরে।

অনেক আগে কর্নের কাছে পরাজিত হয়ে কুরুক্ষেত্রের যুদ্ধে কৌরবদের পক্ষ নিতে বাধ্য হন কম্বোজের রাজা সুদক্ষিন। দুর্ভাগ্যবশত সেই যুদ্ধে অর্জুনের হাতে তাঁর মৃত্যু হয়। কেউ কেউ মনে করেন কম্বোজ রাজ্যটি গঠিত হয়েছিল পূর্ব আফগানিস্তান, পশ্চিম পাকিস্তান ও মধ্য এশিয়ায় তাজিকিস্তানের কিছুটা অংশ নিয়ে। অশ্ব বা ঘোড়া চালনায় দক্ষতার জন্য কম্বোজ বা কম্বোজের অধিবাসীদের বলা হত অশ্বক। পুরান ও বৌদ্ধধর্মগ্রন্থে অশ্বক-রাজ্যের উল্লেখ আছে। প্রাচীন সেই রাজ্যটির রাজধানী পোড়ানাপুর বর্তমানে তেলেঙ্গানার পান্ডু-তরফা। শোনা যায় পান্ডবদের বনবাসকালে ভীম এখানে বকরাক্ষসকে হত্যা করেন। উত্তরপথ হয়ে কম্বোজের ব্যবসায়ীরা যেত দ্বারকা ও সোপারা। সেখান থেকে তারা সমুদ্রপথে পাড়ি দিত দূর দূরান্তে। দক্ষিণ পূর্ব এশিয়ায় কম্বোজদের একটি উপনিবেশের নাম কম্বোডিয়া। কম্বোজ থেকে ঘোড়া ব্যবসায়ীরা উত্তরপথের উপর দিয়ে চলে যেত উত্তর পূর্ব ভারতের অসমে।

গিয়াস উদ্দিন আজম শাহের আমলে সোনারগাঁও ছিল সুলতানি বাংলার রাজধানী। একসময় সেখানকার জামদানি শাড়ি প্রচুর পরিমাণে বিদেশে রপ্তানি হত। জামদানি একধরনের উচ্চমানের সুতির কাপড় বা মসলিন। ইরাকের মসুল শহরেও যেত সেই শাড়ি। মনে করা হয় মসুল থেকেই মসলিন শব্দটির উৎপত্তি। শের শাহ সুরি উত্তরপথকে নিয়ে যান বাংলাদেশের সোনারগাঁও পর্যন্ত। উত্তরপথের নাম হয় 'সড়ক ই আজম' বা 'সড়ক ই শেরশাহ'। অনেকের কাছে শের শাহের সড়ক। মোগল যুগেও সেই সড়ক ছিল বেশ গুরুত্বপূর্ণ। তবে সড়কটি হয়ে যায় 'বাদশাহী সড়ক'।

চাষবাস ও সেচ ছাড়াও মৌর্য্য যুগের অর্থনীতি ছিল ব্যবসা বানিজ্যের উপর নির্ভরশীল। জিনিসপত্র বিক্রি হত বাজারে। দাম ও ওজনের উপর ছিল সরকারের কড়া নজরদারি। দেশি ও বিদেশী পন্যের উপর লাভের হারও সরকার থেকে ঠিক করে দেওয়া হত। চারদিকে গুপ্তচর। অন্যায় করলেই কঠিন শাস্তি। ব্যবসায়ীদের নানারকম কর দিতে হত। কর আদায়ের জন্য ছিল অনেক রাজকর্মচারী।

রাস্তা এগিয়ে চলে এক শহর থেকে অন্য শহরে। মাঝে কখনো গ্রাম, নির্জনতা ও ঘন জঙ্গল। বন্য প্রাণী আর ডাকাতের দল কোথায় যে ঘাপটি মেরে আছে কে জানে। পথিক ও ব্যবসায়ীদের নিরাপত্তার দায়িত্ব ছিল শিকারী আর পুলিশদের উপর। রাস্তার রক্ষণাবেক্ষণের জন্যও মৌর্য্য যুগে

অনেক কর্মচারী নিয়োগ করা হত। শোনা যায় চলার কষ্ট লাঘব করতে সম্রাট অশোক পথের ধারে গাছ লাগানো ও কুয়ো খনন ছাড়াও তৈরি করেন অনেক সরাইখানা। রাতের আশ্রয়। সেখানে অতিথি ও তাদের সঙ্গে আসা বিভিন্ন প্রাণীদের জন্য জন্য ছিল খাবারের ব্যবস্থা। শের শাহ তৈরি করেছিলেন প্রায় ১৭০০ সরাইখানা। সংবাদ আদান প্রদানের কাজে সেইসময় সরাই বা সরাইখানাগুলোর উল্লেখযোগ্য ভুমিকা ছিল। মোগল যুগেও সরাইখানা নির্মাণের ধারা অব্যাহত থাকে। পুরানো দিনের সাক্ষী হিসাবে আজও অনেক জায়গায় দেখা যায় বেশকিছু সরাইখানার ধ্বংসাবশেষ।

এক জায়গা থেকে আরেক জায়গার দূরত্ব বোঝানোর জন্য শের শাহ রাস্তার ধারে স্থাপন করেন অসংখ্য কোশ মিনার। সংস্কৃত ভাষায় 'ক্রোশ' থেকে 'কোশ' শব্দটির উৎপত্তি। একসময় ভারত, মায়ানমার ও থাইল্যান্ডে দূরত্ব মাপা হত যোজনে। ৪ ক্রোশে ১ যোজন। ১ ক্রোশের অর্থ ১.৯ মাইল অথবা ৩.০৪ কিলোমিটার। এখন সাধারণত কিলোমিটারেই দূরত্ব মাপা হয়। রাস্তায় দেখা যায় মাইল ফলক। ভারত ও পাকিস্তানের অনেক জায়গায় ছড়িয়ে আছে পুরানো আমলের অনেক কোশ মিনার। সেসব দেখে প্রাচীন যুগের গুরুত্বপূর্ণ রাস্তাঘাট সম্পর্কে একটা ধারনা পাওয়া যায়। ইট ও সুড়কি দিয়ে তৈরি হত বিভিন্ন উচ্চতার কোশ মিনার। দেখতেও সেগুলো নানারকম। লাহোরে আলি মর্দন খানের সমাধির কাছে একটি কোশ মিনার এখনো রয়েছে। সেটি নির্মাণে ব্যবহার করা হয়েছিল পোড়ামাটির লাখোরি ইট। লাল রঙের লাখোরি ইটের উচ্চতা খুব বেশি হত না। শোনা যায় একসঙ্গে লক্ষ লক্ষ তৈরি হত বলে এই ইটের নাম লাখোরি। সম্রাট শাহ জাহানের সময় সেই ইট খুব জনপ্রিয় হয়। লখনৌয়ের অনেক স্থাপত্যে দেখা যায় লাখোরি ইটের ব্যবহার।

আগ্রা - মথুরা হয়ে দিল্লির পথে বদরপুর। একসময় এখানে ছিল বদরপুর সরাই। শোনা যায় সেটি তৈরি হয় মোগল আমলে। এখন সেখানে তিনটি ফটক ও একটি মসজিদ ছাড়া আর কিছুই অবশিষ্ট নেই। দুর্গের মত সেই সরাইখানার ভেতরে অতিথিদের জন্য ঘর ছাড়াও ছিল জিনিসপত্র ও গাড়িঘোড়া রাখার সুব্যবস্থা। মোগল যুগের সরাইখানাগুলোকে বলা হয় মোগলসরাই। বাদশাহী সড়ক এগিয়ে চলে বদরপুর মোগলসরাইয়ের মধ্য দিয়ে।

ইংরেজ আমলে পুনর্বিন্যাসের পর বাদশাহী সড়কের নতুন নাম হল 'গ্র্যান্ড ট্রাঙ্ক রোড'। ১৮৫৬ সালে আম্বালা থেকে কারনাল পর্যন্ত নতুন করে তৈরি হওয়া বাদশাহী সড়কের একটি অংশ চালু হয়। শুধুমাত্র আফগানিস্তানে কাবুল পর্যন্ত সেই সড়কটি সংস্কার করেন আমির মহম্মদ শাহ দুরানি। সড়ক বললেই পাকা রাস্তার কথা মনে আসে। একসময় মাটির উপর নুড়ি পাথর বিছিয়ে রাস্তা তৈরি শুরু হয়েছিল। রাস্তা আর কাঁচা থাকে না। এরপর পাথরের সঙ্গে মেশানো হয় নানারকম উপাদান। যেমন বালি, সিমেন্ট, অ্যাসফাল্ট ইত্যাদি। রাস্তার স্থায়ীত্ব বেড়ে যায়। পিচ অথবা বিটুমিন একধরনের পেট্রোলিয়ামজাত পদার্থ। জমাট বাঁধা বিটুমিনকে বলা হয় অ্যাসফাল্ট, তরল অবস্থায় সেটি হয়ে যায় আলকাতরা। অ্যাসফাল্ট মেশানো বালি অথবা নুড়ি পাথরের প্রলেপ রাস্তাকে মসৃণ করে। ১৮৫২ সালে ম্যাকাডাম পদ্ধতি কাজে লাগিয়ে প্রথম অ্যাসফাল্ট সড়ক তৈরি হয়েছিল ফ্রান্সে। পাথর, বালি, জল ও সিমেন্টের মিশ্রণকে বলা হয় কংক্রিট। ভারতের প্রথম কংক্রিট সড়ক তৈরি হয়েছিল চেন্নাইতে, ১৯১৪ সালে। ইংরেজ আমলের একটি পুরানো ছবিতে দেখা যায় গ্র্যান্ড ট্রাঙ্ক রোডের দৃশ্য। স্থান আম্বালা, মসৃণ পথ ও অনেক অশ্বারোহীর আনাগোনা। দেখে মনে হয় সেইসময় গ্র্যান্ড ট্রাঙ্ক রোড ছিল পিচের।

আইরিশ ভাষায় 'ট্রাঙ্ক রোড' শব্দের অর্থ গুরুত্বপূর্ণ রাস্তা, মেইন রোড, হাইওয়ে অথবা সড়ক। গ্র্যান্ড ট্রাঙ্ক রোড তাই মহাসড়ক। যাওয়া যায় দূর থেকে বহুদূর। ইংরিজিতে এই মহাসড়কটির আরেকটি নাম তাই 'লং ওয়াক'। আমাদের দেশে সড়ক-জাল চারদিকে বিস্তৃত। যেসমস্ত সড়কের নির্মাণ ও রক্ষণাবেক্ষণের দায়িত্ব ন্যাশনাল হাইওয়ে অথরিটি অফ ইন্ডিয়ার উপর সেগুলোকে বলা হয় ন্যাশনাল হাইওয়ে বা জাতীয় সড়ক। একসময় কোলকাতা থেকে দিল্লি হয়ে ওয়াঘা সীমান্ত পর্যন্ত গ্র্যান্ড ট্রাঙ্ক রোডের অংশদুটি ছিল পুরানো জাতীয় সড়ক নং ১ ও ২। রাস্তা যেসব জায়গার উপর দিয়ে গেছে সেগুলোর মধ্যে বেশ কয়েকটি হল বর্ধমান, দুর্গাপুর, আসানসোল, ধানবাদ, সাসারাম, বারানসী, আগ্রা, মথুরা, দিল্লি, পানিপথ, কুরুক্ষেত্র, আম্বালা, লুধিয়ানা, জলন্ধর, অমৃতসর ইত্যাদি। পরবর্তীকালে সেই রাস্তার কোলকাতা-আগ্রা, আগ্রা-জলন্ধর ও জলন্ধর-ওয়াঘা সীমান্তের অংশগুলোকে যথাক্রমে ১৯, ৪৪ ও ৩ নং জাতীয় সড়কের অংশ হিসাবে চিহ্নিত করা হয়।

সলোমনের রত্নভাণ্ডার

বদরপুর থেকে ৪৪ নং জাতীয় সড়ক ধরে ঘরান্দা। জায়গাটি হরিয়ানা রাজ্যের কারনাল জেলায়। গ্র্যান্ড ট্রাঙ্ক রোডের ধারে এখানেও আছে মোগল সম্রাট শাহ জাহানের আমলে তৈরি একটি পরিত্যক্ত সরাইখানা। এর সদর দরজাদুটির নাম লাহোর ফটক ও দিল্লি ফটক। নিরাপত্তার জন্য এই সরাইখানায় ছিল উঁচু উঁচু নজর মিনার। নজরদারির ঘুলঘুলিগুলো এমনভাবে তৈরি যাতে আঘাত করার জন্য বাইরে থেকে কোনকিছু সরাসরি ভেতরে ঢুকতে না পারে। সিপাহী বিদ্রোহের সময় লাহোর ফটকের দিকে ঘরান্দা সরাইয়ের অনেকটা অংশ বেশ ক্ষতিগ্রস্ত হয়। দুঃখের বিষয় সুন্দর এই ঐতিহাসিক স্থাপত্যটি আজ জবরদখলের শিকার।

গ্র্যান্ড ট্রাঙ্ক রোড ধরে কারনাল, আম্বালা পেরিয়ে শম্ভু সরাই। অনেকেই আসেন সুন্দর এই স্থাপত্যটি দেখতে। শোনা যায় খ্রিস্টিয় ১৬ শতাব্দীতে এই সরাইখানা তৈরি করেন শের শাহ। সেখানে ছিল অনেকের থাকা ও স্নানের ব্যবস্থা। এরপর লুধিয়ানার আগে দোরাহায় দেখা যায় আরো একটি মোগলসরাইয়ের ধ্বংসাবশেষ। মসজিদ, স্নানের জায়গা, অতিথিদের জন্য অনেকগুলো সাধারন ঘর এমনকি তিন কামরার একটি বিলাসবহুল ঘরও ছিল সেই সরাইখানায়।

গ্র্যান্ড ট্রাঙ্ক রোডের আশেপাশে দেখা যায় মোগল যুগের অনেক সরাইখানা। দোরাহার ৯ কিলোমিটার পেছনে একটি সরাইখানা তৈরি করেছিলেন ঔরঙ্গজেবের সেনাপতি লসকরি খান। এরপর মনে আসে দাখনি সরাইয়ের কথা। সেখানে ছিল ১২৪ জনের থাকার ব্যবস্থা। ১৬৪০ সালে জলন্ধরের কাছে দাখনি গ্রামে সেই সরাইখানাটি তৈরি করেন আলি মর্দন খান। তিনি ছিলেন একজন স্থপতি ও মোগল সভাসদ। সম্রাট শাহ জাহান তাঁকে খুব পছন্দ করতেন। পঞ্জাবের তরন তারন সাহিব থেকে আটারির মাঝেও একটি সরাইখানা আছে। সেটি স্থাপন করেছিলেন বিখ্যাত ক্যালিগ্রাফার বা হস্তলিপি বিশারদ আমানত খান। তাঁর আসল নাম আবদ আল হক। আকবরের সমাধি ও তাজমহলে তিনি লিখেছিলেন পবিত্র কুরআনের বাণী। অদ্ভুত জাদু ছিল সেই হাতের লেখায়। মুগ্ধ হয়ে সম্রাট শাহ জাহান তাঁকে 'আমানত খান' উপাধি দেন। শোনা যায় ভাই আফজল খানের মৃত্যুর পর মানুষের কল্যাণে আমানত সেই সরাইখানাটি বানান। সেখান থেকে সহজেই যাওয়া যায় ওয়াঘা সীমান্তের দিকে। তার আগে আটারি হয়ে ধরতে হবে ৩ নং জাতীয় সড়ক।

বাগানেই সমাধি, কখনো অতিথিদের থাকার ব্যবস্থা, কখনো বা এক জায়গা থেকে অন্য জায়গায় যাওয়ার পথে সুন্দর পরিবেশে একটু বিশ্রাম। বাগানের আরো অনেক নাম আছে। যেমন বাগ, বাগিচা, উদ্যান ইত্যাদি। ভারত-পাকিস্তানের বিভিন্ন জায়গায়, আফগানিস্তান ও বাংলাদেশে ঐতিহাসিক অনেক উদ্যান দেখতে পাওয়া যায়। 'আম খাস বাগ' নামটি শুনলেই বোঝা যায় সেই উদ্যানে অভিজাতদের পাশাপাশি জনসাধারণেরও প্রবেশাধিকার ছিল। লাহোর থেকে শ্রীনগর যাওয়ার পথে তক্ষশিলার কাছে ওয়াহ্ গ্রামে একটি উদ্যান তৈরি করেছিলেন রাজা মান সিংহ। শোনা যায় কাবুল যাওয়ার সময় সম্রাট জাহাঙ্গীর সেখানে একদিন ছিলেন। ১৫২৮ সালে বাবর আগ্রায় স্থাপন করেন ভারতের প্রাচীনতম মোগল উদ্যান 'আরাম বাগ'। মৃত্যুর পর কিছুদিন তিনি সেখানেই সমাহিত ছিলেন। অবশেষে তাঁর নশ্বর দেহ নিয়ে যাওয়া হয় কাবুলের বাবর উদ্যানে।

একসময় ইরানের হামেদান প্রদেশে একবাটানা শহর থেকে আফগানিস্তানের বলখ পর্যন্ত একটি রাস্তার নাম ছিল খোরাসান সড়ক। পরবর্তীকালে, সম্ভবত ব্যাবিলনের কাছাকাছি, এচিমেনীয় সম্রাট প্রথম দারিয়াসের তৈরি সারডিস ও সুসা শহর দুটির মধ্যে সংযোগরক্ষাকারী রাজপথের একটি শাখা জুড়ে যায় খোরাসান সড়কের সাথে। সারডিসের অবস্থান বর্তমান তুরস্কের মানিসা প্রদেশে সালিহলি জেলার সার্ট শহরের কাছে। দারিয়াসের রাজত্বকালে মধ্য এশিয়ার ৫টি দেশে ছড়িয়ে ছিল এচিমেনীয় সাম্রাজ্যের একটি প্রদেশ সোগদিয়া। সেখানে যেতে হত সেই সাম্রাজ্যেরই আরেকটি প্রদেশ ব্যাকট্রিয়ার উপর দিয়ে। বলখ ছিল ব্যাকট্রিয়া প্রদেশের রাজধানী। খোরাসান সড়কের সঙ্গে দারিয়াসের রাজপথ যুক্ত হলে বলখ হয়ে সহজেই মধ্য এশিয়ার নানা জায়গায় যাওয়া সম্ভব হয়।

ওয়াঘা সীমান্ত পেরোলেই লাহোর। সেখান থেকে পাকিস্তানে সবচেয়ে বড় ৫নং জাতীয় সড়কের অংশ হয়ে গ্র্যান্ড ট্রাঙ্ক রোড সরাসরি পৌঁছে যায় পেশোয়ার। প্রথমে গুজরানওয়ালা, তারপর চন্দ্রভাগা পেরিয়ে পঞ্জাব প্রদেশে সরাই আলমগীর। আওরঙ্গজেব এখানে একটি সরাইখানা স্থাপন করেছিলেন। শোনা যায় আলেকজান্ডার ও পুরুর মধ্যে হিদাস্পিসের যুদ্ধ হয়েছিল এই জায়গার কাছেই কোথাও। হিদাস্পিস শব্দের অর্থ ঝিলাম। অনেকের বিশ্বাস এই নদীর নাম বিতস্তা রেখেছেন স্বয়ং মহাদেব। সরাই আলমগীর থেকে রাওয়ালপিন্ডি হয়ে পেশোয়ারের দূরত্ব প্রায় ২৯৯ কিলোমিটার।

এরপর যেতে হবে ঝিলামের উপর ভিক্টোরিয়া সেতু দিয়ে। জায়গাটির নামও ঝিলাম। যখন সেতু ছিল না, মানুষ নদী পার হত হেঁটে হেঁটে অগভীর জায়গা দিয়ে। নদীর অগভীর জায়গাকে ইংরিজিতে বলা হয় ফোর্ড। রাস্তা এগিয়ে যায় পাহাড় ঘেঁষে ফোর্ডের কাছে। ১৮৭৮ সালে ঝিলামে সেই সেতুটি তৈরি করেন ইংরেজ প্রকৌশলী উইলিয়াম সেন্ট জন গ্যালওয়ে। ঝিলাম থেকে রাওয়ালপিন্ডি ১১১ কিলোমিটার। আরো ৩০ কিলোমিটার এগোলে মারগাল্লা পাহাড়ের উপর নিকলসন স্মৃতিস্তম্ভ। সেখানে আজও দেখা যায় শের শাহের তৈরি কোশ মিনারসহ পাথর বাঁধানো এক টুকরো রাস্তা। প্রাচীন সেই সড়ক ই আজমের অংশ। একসময় দেখা হয় সিন্ধুনদের সাথে। অবশেষে পেশোয়ার।

পাকিস্তানের খাইবার পাখতুনখোয়া প্রদেশে পেশোয়ার শহরটির প্রাচীন নাম ছিল পুরুষপুর। শোনা যায় একসময় কুষান সম্রাট কনিষ্ক তাঁর রাজধানী পুষ্কলাবতী থেকে সরিয়ে আনেন সেখানে। পেশোয়ারের অবস্থান খাইবার গিরিপথের পূর্ব দিকে। পেশোয়ার থেকে ল্যান্ডিকোটাল যাওয়ার সময় চোখে পড়ে বিশাল একটি বৌদ্ধ স্তুপ। আফগানিস্তানে বৌদ্ধধর্ম প্রচারে সম্রাট অশোকের বিশেষ অবদান ছিল। ল্যান্ডিকোটাল বাজার বেশ জমজমাট। নানারকম খাবারের সমারোহ জায়গাটিকে করে তুলেছে আকর্ষণীয়। একসময় পেশোয়ার থেকে ল্যান্ডি খানা হয়ে ট্রেনে আসা যেত এখানে। আর কিছুক্ষণ এগোলেই তোরখাম সীমান্ত। তারপর ৭৪ কিলোমিটার দূরে জালালাবাদ। সেখান থেকে কাবুলের দিকে গ্র্যান্ড ট্রাঙ্ক রোডের অংশ ভয়ঙ্কর সুন্দর।

কাবুল থেকে মাজার ই শরিক হয়ে যাওয়া যায় বলখ শহরে। একসময় এই জায়গার নাম ছিল বহ্লীক। সেখানকার দুজন ব্যবসায়ী ত্রাপুসা ও বল্হীক বানিজ্য করতে ভারতে এসে ভগবান বুদ্ধের শিষ্য হয়েছিলেন। ফিরে গিয়ে নিজেদের দেশে তাঁরা একটি বৌদ্ধস্তুপ নির্মাণ করেন। ১৭৩৯ সালে পারস্য (বর্তমান ইরান) থেকে কাবুল হয়ে ভারত আক্রমণ করেন নাদির শাহ। গ্র্যান্ড ট্রাঙ্ক রোডের কাছে দিল্লির শালিমার বাগে সৈন্য সামন্ত নিয়ে তিনি শিবির গেড়েছিলেন।

যতদূর জানা যায় বাংলাদেশে গ্র্যান্ড ট্রাঙ্ক রোড চট্টগ্রাম জেলার টেকনাফ পর্যন্ত বিস্তৃত। আজ এই মহাসড়কের সিংহভাগই একটি আন্তর্জাতিক সড়কের (এশিয়ান হাইওয়ে নং ১) অংশ। কাবুল থেকে পশ্চিমে সেই

আন্তর্জাতিক সড়ক ইরান পেরিয়ে তুরস্কে মিলিত হয় পর্তুগাল অভিমুখে ইউরোপের ৮০ নং আন্তর্জাতিক সড়কের সাথে। অন্যদিকে কোলকাতা থেকে এশিয়ার ১ নং আন্তর্জাতিক সড়কটি বাংলাদেশের তামাবিল হয়ে প্রবেশ করে উত্তর পূর্ব ভারতের মেঘালয়ে। তারপর মায়ানমার, থাইল্যান্ড, কম্বোডিয়া, ভিয়েতনাম, হংকং, চিন, উত্তর কোরিয়া, দক্ষিণ কোরিয়া হয়ে জাপান।

হান যুগে সম্রাট উ'য়ের আদেশে নিরাপদ বানিজ্য পথের খোঁজে শিয়ান থেকে মধ্য এশিয়ায় এসেছিলেন চিনের অভিযাত্রী ঝাং কিয়ান। ব্যাকট্রিয়ার বাজারে তিনি চিনের পণ্য দেখে রীতিমত অবাক হন। খ্রিস্টপূর্ব আনুমানিক ১৩০ সাল থেকে পারস্য ও রোমের সঙ্গে চিনের সরাসরি বানিজ্যিক সম্পর্ক স্থাপিত হয়। প্রধান পণ্য রেশম বস্ত্র। অনেক রাস্তার সমন্বয়ে নতুন একটি বানিজ্য পথের নাম হয় রেশম পথ। ইংরিজিতে 'সিল্ক রুট'। মজার ব্যাপার হল রেশম বস্ত্রের কারবারে উত্তরপথ ব্যাস্ত ছিল নতুন সেই বানিজ্য পথটি চালু হওয়ার অনেক আগে। ১৮৭৭ খ্রিস্টাব্দে সিল্ক রুট শব্দটির প্রচলন করেন জার্মান অভিযাত্রী ফার্দিনান্দ ফন রিচথোফেন।

যেকোন বানিজ্য পথই এখন রেশম পথ। শোনা যায় চিনের ইউনান প্রদেশ থেকে তিব্বত ও ব্রহ্মদেশ হয়ে যথাক্রমে সিকিম ও অসমের মাধ্যমে রেশম বস্ত্র আসত বাংলায়। উত্তরপথ ধরে সেসব পৌঁছে যেত গান্ধার অঞ্চলে। সেখান থেকে আরো অনেক জায়গায়। একথা অনেকেরেই প্রায় অজানা। স্বাভাবিকভাবে উত্তরপথকে এশিয়ার প্রাচীনতম রেশম পথের একটি গুরুত্বপূর্ণ অংশ বলা যায়। বানিজ্যের সাথে দুঃসাহসিক অভিযান, ধর্ম প্রচার, আক্রমণ, ও নানা ঘটনার প্রবাহ - সবই সেই উত্তরপথের উপর দিয়ে। বিভিন্ন সংস্কৃতির মিলনে এগিয়ে চলে সভ্যতা। সময়ের ঘাত প্রতিঘাত অতিক্রম করে অতীতের উত্তরপথ নতুন নতুন পরিচয়ে আজও বর্তমান। ভাবতে আশ্চর্য লাগে, গ্র্যান্ড ট্রাঙ্ক রোড যদি না থাকত ভারতের ইতিহাস লেখা হত অন্যভাবে।

সত্যের সন্ধানে হিউয়েন সাঙ

ছোটবেলা থেকেই বাবার কাছে গল্প শুনতেন হিউয়েন সাঙ। তাঁর বাবা ছিলেন কনফুসিয়াসের অনুগামী। কনফুসিয়াস মনে করতেন সততা, ভালবাসা ও সম্মান জীবনে শান্তি আনে। গল্প শুনতে শুনতে বড়দের সম্মান করা হিউয়েন সাঙের অভ্যাসে পরিনত হয়। চার ভাইয়ের মধ্যে তিনিই সবার ছোট। মেজভাই চেন সু ছিলেন বৌদ্ধ। তাঁর সঙ্গে থাকতে থাকতে হিউয়েন সাঙ বৌদ্ধধর্ম সম্পর্কে অনেককিছু জানতে পারেন।

বেজিং থেকে ৭৯৯ কিলোমিটার দূরে লুওইয়াং। খ্রিস্টিয় ৬৮ সালে হেনান প্রদেশের সেই জায়গায় স্থাপিত হয়েছিল হোয়াইট হর্স টেম্পল। এটি চিনদেশের প্রথম বুদ্ধমন্দির। তখন হান যুগ, পূর্ব হান বংশের সম্রাট ছিলেন মিং। স্বপ্নে বৌদ্ধধর্মের কথা জানতে পেরে তিনি দূত পাঠিয়েছিলেন ভারতে। তাঁদের অনুরোধে সাদা ঘোড়ায় চেপে দুজন বৌদ্ধ সন্ন্যাসী এলেন চিনদেশে অনেক বুদ্ধমূর্তি ও ধর্মগ্রন্থ নিয়ে। সাদা ঘোড়া মন্দিরেই ছিলেন সেই সন্ন্যাসীরা। তারপর শুরু হয় ভারতীয় ভাষা থেকে চিনা ভাষায় সেই ধর্মগ্রন্থগুলির অনুবাদের কাজ। ধীরে ধীরে বৌদ্ধধর্মের প্রতি আকৃষ্ট হন চিনদেশের অনেক মানুষ।

একবার শুনেই সবকিছুর মানে বুঝতে পারতেন হিউয়েন সাঙ। শুধু তাই নয়, অন্যদেরও তিনি তা বোঝাতে পারতেন সহজে। দেখতে দেখতে তাঁর

নাম ছড়িয়ে পড়ে চারদিকে। মাত্র ১৩ বছর বয়সে হিউয়েন সাঙ লুওইয়াংয়ের জিংটু মনাস্ট্রিতে বৌদ্ধ সন্ন্যাসী হিসাবে থাকার অনুমতি পেয়েছিলেন। সুই সাম্রাজ্যের অবসানের পর শুরু হয় অরাজকতা। ডাকাতি, রাহাজানি ছিল সাধারণ ব্যাপার। সেই অবস্থায় মেজভাইয়ের সাথে হিউয়েন সাঙ চলে যান শাআনশি প্রদেশের চ্যাংয়ান। তাং সাম্রাজ্যের রাজধানী। বর্তমানে সেই জায়গাটির নাম শিয়ান। সেখানে ধর্মচর্চায় বেশ কয়েকবছর শান্তিতে কাটানোর পর আবার শুরু হয় সমস্যা। দুই ভাই গেলেন চেংডু-সিচুয়ান। নানা জায়গা ঘুরে বৌদ্ধধর্মের বিভিন্ন শাখার সঙ্গে পরিচিত হয়ে হিউয়েন সাঙ ফিরে এলেন শিয়ান। তিনি বুঝে উঠতে পারেন না আসল পথ কোনটি। ঠিক করলেন এই প্রশ্নের উত্তর খোঁজার জন্য তাঁকে যেতে হবে ভারতে। যাব বললেই তো হবে না। তাং সাম্রাজ্যের সঙ্গে তখন তুর্কীদের যুদ্ধ চলছে। দেশের বাইরে যাওয়া সবার তাই বারন। কে শোনে কার কথা। পথে নানা বিপদ। সেসবের তোয়াক্কা না করে একদিন সত্যি সত্যিই শুরু হল তাঁর যাত্রা।

শিয়ান থেকে ভারতের পথে প্রথমে ইউমেন পাস। সেখানে নিরাপত্তারক্ষীদের হাতে ধরা পড়ার যথেষ্ট সম্ভাবনা। সবকিছু করতে হবে খুব সাবধানে। একজনের সহায়তায় ইউমেন পাস এড়িয়ে হিউয়েন সাঙ এগিয়ে চলেন। পেরোতে হবে ৫টি চেক পোস্ট। সহজ কাজ নয় সেটি। প্রথম চেক পোস্টেই ধরা পড়লেন তিনি। কিন্তু ভাগ্য যার সহায় তাকে আটকায় কার সাধ্য। মুক্তির সাথে পাওয়া গেল চলার নিশানা। মরুভূমির পথ বড় ভয়ঙ্কর। কোথাও কোনো জনপ্রাণীর দেখা নেই। একসময় কুমুল পেরিয়ে তুরপান। বেশ কিছুদিন সেই রাজ্যে ধর্মচর্চার পর রাজার কাছে বিদায় চাইলেন হিউয়েন সাঙ। রাজা তাঁকে ধরে রাখার জন্য জোরাজুরি করলেও কোনো লাভ হয় না।

তুরপান থেকে পশ্চিমে রেশম পথ চলে গেছে ইয়েংকি রাজ্যের দিকে। আরো অনেক নামে পরিচিত ছিল সেই রাজ্যটি। যেমন অগ্নি, কারাশহর, আরশী, ইয়াংকি ইত্যাদি। পথে ডাকাতের খপ্পরে পড়ে অনেক কিছু খোয়া যায়। একরাত ইয়েংকি রাজ্যে কাটিয়ে আবার চলতে শুরু করেন হিউয়েন সাঙ। দীর্ঘ পথ, অবশেষে কুচা। সেখানে সর্বাস্থিবাদের প্রচলন ছিল। হীনযানের এই শাখায় সবকিছু বাস্তব। ইয়েংকি থেকে কুচা প্রায় ৩৫৩ কিলোমিটার। কুচায় মোক্ষগুপ্তের সঙ্গে দেখা হয় হিউয়েন সাঙের। দীর্ঘ ২০ বছর ভারতে ধর্মচর্চা করেছিলেন মোক্ষগুপ্ত। হীনযানপন্থী এই বৌদ্ধ সন্ন্যাসী

সলোমনের রত্নভাণ্ডার

নিজেকে খুব বিজ্ঞ মনে করতেন । হিউয়েন সাঙের সঙ্গে ধর্ম নিয়ে আলোচনা করার সময় তাঁর অজ্ঞতার কথা সবাই জেনে যান।

প্রায় ২ মাস কুচায় কাটানোর পর আবার লক্ষ্যের দিকে এগোনো। পথে ঘোড়ার পিঠে তুর্কী ডাকাতের দল। ভাগ্যিস হিউয়েন সাঙকে ওরা দেখতে পায়নি। মরুভূমির মাঝে মরুদ্যানের মত বালুকা রাজ্য হয়ে তিনি এলেন লিং পর্বতের কাছে। তারপর ভয়ঙ্কর মুজার্ট গিরিপথ পেরিয়ে মধ্য এশিয়ার কিরঘিজস্তান। কেউ বলেন সেই গিরিপথটি ছিল বেদেল। একসময় চোখে পড়ে বিশাল সরোবর ইসাক কুল। কাছেই সুয়েব। পশ্চিম তুর্কী সাম্রাজ্যের রাজধানী। সম্ভবত হিউয়েন সাঙ পরিচিত হয়েছিলেন তুর্কী সম্রাট তং ইয়াবঘু বা তাঁর ছেলে সাই ইয়াবঘুর সঙ্গে। তুরপান, কুচা এমনকি গান্ধারের অনেক অংশ ছিল সেই সম্রাটের অধীনে। হিউয়েন সাঙের কাছে ধর্মকথা শুনে সম্রাট অভিভূত। তিনিও হিউয়েন সাঙকে তাঁর রাজ্য ছেড়ে না যাওয়ার জন্য অনুরোধ করলেন। সম্রাটের আতিথেয়তায় কোন ত্রুটি ছিল না। কিন্তু হিউয়েন সাঙ নিরুপায়। সম্রাট আর কোন আপত্তি করেন না। আবার বেরিয়ে পড়েন হিউয়েন সাঙ। সঙ্গে তুর্কী সম্রাটের চিঠি যাতে এক জায়গা থেকে অন্য জায়গায় নিরাপদে যাওয়া যায়। ৬৩০ খ্রিস্টাব্দে বিশাল তুর্কী সাম্রাজ্যের পূর্বাংশ তাং সম্রাট তাইজুংয়ের অধিকারে আসে।

হিউয়েন সাঙের ভ্রমণ কাহিনীতে মধ্য এশিয়ার আরো অনেক জায়গার উল্লেখ আছে। তারাজ, তাসখন্দ, সমরকন্দ হয়ে তিনি এলেন কিস। পশ্চিম মধ্য এশিয়ার খোয়ারিজম মরুদ্যান অঞ্চল থেকে প্রায় ৬৫৮ কিলোমিটার দূরে সেই জায়গাটির এখনকার নাম শহর-ই-শবজ। একসময় দক্ষিণ উজবেকিস্তানে খারস শহরের কাছে আয়রন গেট গিরিপথ অতিক্রম করে হিউয়েন সাঙ পৌঁছালেন তারমেজ। সেখান থেকে আমুদরিয়া নদী পেরিয়ে দক্ষিণ পূর্ব অভিমুখে ২১৭ কিলোমিটার গেলেই আফগানিস্তানের কুনদুজ। ছবির মত সুন্দর এই জায়গাতেও ছিল তুর্কীদের আধিপত্য। এখানে কুষান যুগের একটি বৌদ্ধবিহারের সন্ধান মিলেছে।

কুনদুজে হিউয়েন সাঙ পরিচিত হন বৌদ্ধসন্ন্যাসী ধর্মসংঘের সঙ্গে। ধর্মসংঘ ছিলেন বৌদ্ধধর্মের হীনযান শাখার অনুগামী। একমাসেরও বেশি সময় কাটিয়ে কুনদুজ থেকে হিউয়েন সাঙ রওনা হলেন ১৯০ কিলোমিটার পশ্চিমে বলখের উদ্দেশ্যে। বেশ কয়েকটি বানিজ্য পথের কেন্দ্রবিন্দুতে অবস্থিত বলখ শহরটি ছিল ব্যাকট্রিয়া বা তোখারিস্তানের রাজধানী। সম্ভবত

২৫

বলখ থেকে সমরকন্দ যাবার পথটি চলে গিয়েছিল প্রায় ৩ কিলোমিটার দীর্ঘ আয়রন গেট গিরিপথের মধ্য দিয়ে। শোনা যায় গিরিপথটিতে একটি লোহার গেট ছিল। বুদ্ধদেবের দুই শিষ্য ত্রাপুসা ও বল্লীক বলখে দুটি বৌদ্ধ স্তুপ নির্মাণ করেন। তাঁদের মাধ্যমেই মধ্য এশিয়ায় বৌদ্ধধর্ম ছড়িয়ে পড়ে।

বলখ থেকে বৌদ্ধ সন্ন্যাসী প্রজ্ঞাকরের সাথে বামিয়ান হয়ে হিউয়েন সাঙ এলেন কাপিসা রাজ্যে। বর্তমানে এটি আফগানিস্তানের সবচেয়ে ছোট প্রদেশ। তারপর লম্পক রাজ্য। সেটির অবস্থান ছিল আফগানিস্তানের লঘম্যান প্রদেশে। কুরুক্ষেত্রের যুদ্ধে লম্পক রাজ্যের মানুষ কৌরবদের পক্ষে ছিলেন। লঘম্যান প্রদেশের রাজধানী মিটারলাম। দক্ষিণ পূর্বে ১৮২ কিলোমিটার এগোলে প্রাচীন গান্ধার রাজ্যের রাজধানী পেশোয়ার। সেখানে আখ থেকে চিনি তৈরির কথা লেখেন হিউয়েন সাঙ। পেশোয়ারে জন্মেছিলেন অভিধর্ম কোষশাস্ত্র প্রনেতা বসুবন্ধু। তাঁর দাদা বৌদ্ধ ধর্মগুরু আসঙ্গ।

পেশোয়ার থেকে ৪৫ কিলোমিটার উত্তর পূর্বে চারসাড্ডা। পার হতে হয় সোয়াত নদী। আগে সেই জায়গার নাম ছিল পুষ্কলাবতী। জায়গাটি সম্বর নালা ও জিন্দি নদীর সঙ্গমে। একসময় সেই জায়গায় প্রচুর পদ্মফুল পাওয়া যেত। হিউয়েন সাঙ সেখানে সম্রাট অশোকের তৈরি একটি স্তুপের কথা জানান। যদিও সেটি এখনো খুঁজে পাওয়া যায়নি। শোনা যায় পুষ্কলাবতীতে বৌদ্ধধর্মে দীক্ষিত হওয়ার পর দানবী থেকে দেবী হন হারীতি। সোয়াত উপত্যকা অঞ্চলটিকে প্রাচীনকালে বলা হত উদ্যান। এর উত্তর পূর্বদিকে চিত্রাল। পাকিস্তানের খাইবার পাখতুনখাওয়া প্রদেশে ছবির মত সুন্দর এই জায়গায় কুষান যুগে অনেক বৌদ্ধবিহার ও স্তুপ তৈরি হয়েছিল। চিত্রাল থেকে তক্ষশিলার দূরত্ব ৩৬৫ কিলোমিটার। পাকিস্তানের সোয়াত জেলায় আছে আমলুকদারা স্তুপ ও অনেক বৌদ্ধ বিহার। ১৯২৬ সালে এই স্তুপটি আবিষ্কার করেন পুরাতত্ত্ববিদ স্যার অরেল স্টাইন।

শোনা যায় দ্বিতীয় বৌদ্ধ সম্মেলনে বৌদ্ধধর্ম মহাসংঘিক ও স্থবির শাখায় বিভক্ত হয়। পরে সেই শাখাদুটি আরো অনেক শাখায় ভেঙে যায়। স্থবির শাখায় দুটি উল্লেখযোগ্য শাখা ধর্মগুপ্তিকা ও কাশ্যপীয়া। মধ্য এশিয়ায় বৌদ্ধধর্ম প্রচারে ধর্মগুপ্তিকা শাখার অনুগামীদের উল্লেখযোগ্য ভূমিকা ছিল। খোটানে এরাই প্রথম বৌদ্ধধর্ম প্রচার করেন। উদ্যানে হিউয়েন সাঙ ধর্মগুপ্তিকার প্রভাব লক্ষ্য করেন। একসময় বৌদ্ধধর্মের শাখাগুলি হীনযান

ও মহাযান শাখার অন্তর্ভুক্ত হয়। পরবর্তীকালে মহাযান থেকে সৃষ্টি হয় বজ্রযান শাখা। মহাযান অনুগামীদের কাছে বুদ্ধদেব ভগবান। তিব্বতে বজ্রযান বৌদ্ধধর্ম প্রচার করেন পদ্মসম্ভব। উদ্যানেই তাঁর জন্ম।

তক্ষশিলা থেকে কাশ্মীর। একরাত হিউয়েন সাঙ ছিলেন উসকুর জয়েন্দ্র বিহারে। প্রাচীনকালে সেই জায়গার নাম ছিল হুসকাপুর। শোনা যায় এই শহরটি স্থাপন করেছিলেন কুষান রাজ কনিষ্কের বাবা হুবিষ্ক। শ্রীনগর থেকে বরমূলার কাছে উসকুরের দূরত্ব প্রায় ৫৪ কিলোমিটার। একসময় এখানে ছিল একটি বৌদ্ধ স্তূপ। ১৮৬৮ সালে সেই স্তূপের ধ্বংসাবশেষের ছবি তোলেন ব্রিটিশ চিত্র সাংবাদিক জন বার্ক। কাশ্মীরে বৌদ্ধধর্মের প্রবর্তন করেন মৌর্য্য সম্রাট অশোক। খ্রিস্টিয় ২য় শতকে কনিষ্কের রাজত্বকালে ৪র্থ বৌদ্ধ সম্মেলন অনুষ্ঠিত হয়েছিল শ্রীনগরের কাছে কুন্দল বন বা হারওয়ানে। সেখানে উল্লেখযোগ্য ভুমিকা পালন করেন বসুমিত্র ও তাঁর সহকারী অশ্বঘোষ। অনেকে মনে করেন সেইসময় বৌদ্ধধর্ম হীনযান ও মহাযান শাখায় ভেঙে যায়।

চিনদেশ থেকে হিউয়েন সাঙই প্রথম আসেন কাশ্মীর। হুনদের পরাজিত করে কাশ্মীরে তখন কারকোটা বংশের রাজত্ব। শোনা যায় সেই রাজবংশ প্রতিষ্ঠা করেন দুর্লভবর্ধন। গোনন্দ বংশের রাজা বালাদিত্যের মৃত্যুর পর তিনি কাশ্মীরের রাজা হন। যদিও এই ব্যাপারে অনেক মতভেদ আছে। রাজা দুর্লভবর্ধন হিউয়েন সাঙকে বিভিন্ন শাস্ত্র পাঠে অনেক সাহায্য করেছিলেন। শোনা যায় কাশ্মীরে হিউয়েন সাঙ ২ বছর ছিলেন।

জলন্ধর হয়ে হিমাচলের কুলু উপত্যকায় হিউয়েন সাঙ অনেক বৌদ্ধবিহার দেখতে পান। সেখানে সন্ন্যাসীদের মধ্যে অনেকেই ছিলেন মহাযান শাখার অনুগামী। শোনা যায় ভগবান বুদ্ধ সেই উপত্যকায় তাঁর বাণী প্রচার করেছিলেন। মৌর্য্য সম্রাট অশোক কলাথে একটি বৌদ্ধ স্তূপ নির্মাণ করেন। কুলু থেকে সিরমোর জেলায় কলাথের দূরত্ব প্রায় ২৮৬ কিলোমিটার। একসময় কংসের রাজ্য সুরসেনের রাজধানী ছিল মথুরা। ভগবান শ্রীকৃষ্ণের জন্মস্থান মথুরা হিন্দুদের একটি পবিত্র তীর্থস্থান। পরবর্তীকালে এই জায়গা কুষান সাম্রাজ্যের রাজধানীতে পরিনত হয়। শোনা যায় বুদ্ধদেব একবার এসেছিলেন মথুরায়। ধীরে ধীরে সেখানে স্থাপিত হয় অনেক বৌদ্ধবিহার। কুষান ও গুপ্তযুগে মথুরায় শিল্পীদের দক্ষতায় লাল বেলেপাথর দিয়ে তৈরি হয় অনেক বুদ্ধমূর্তি। শুধু তাই নয় হিন্দু, বৌদ্ধ ও জৈন ধর্মের প্রভাবে

সেখানে নতুন এক শিল্পরীতির বিকাশ ঘটে। আগাগোড়া দেশীয় শিল্পের সেই রীতি বা ধরণের অন্য নাম মথুরা শিল্পশৈলি যার অনেক নিদর্শন মেলে মথুরার পুরাতাত্ত্বিক সংগ্রহশালায়।

মথুরা থেকে আগ্রা হয়ে কনৌজ প্রায় ২৮১ কিলোমিটার। হর্ষবর্ধনের রাজত্বকালে হিউয়েন সাঙ কনৌজের সৌন্দর্য দেখে মুগ্ধ হয়েছিলেন। বর্ণাশ্রম, সতীদাহ প্রথা, মানুষের সাধারণ জীবনযাপন ও সততা তাঁর নজর এড়ায়নি। পথ ছিল বিপদসঙ্কুল। অযোধ্যা থেকে নৌকায় কোন একজায়গায় যাওয়ার পথে ঠগীদের হাতে প্রাণ হারাতে বসেছিলেন হিউয়েন সাঙ। কোন এক অলৌকিক কারণে রক্ষা পান তিনি। হর্ষবর্ধনের রাজত্বকালে অনেক অপরাধের শাস্তি ছিল মৃত্যুদন্ড। হিউয়েন সাঙের ভ্রমণ কাহিনী থেকে সেইসময়কার সামাজিক, রাজনৈতিক ও অর্থনৈতিক অবস্থা সম্পর্কে অনেক কিছু জানা যায়।

কোশল রাজ্যে সরযূর পাড়ে অযোধ্যার নাম ছিল সাকেত। সেখানে রচিত হয়েছিল ফেনা সূত্র। তাতে বলা হয়েছে - সবকিছুই ক্ষণস্থায়ী, সেসব আঁকড়ে থাকা অর্থহীন। অযোধ্যার বৌদ্ধবিহারে মহাযান ও হীনযান নিয়ে চর্চা হত। ৯৬ কিলোমিটার উত্তর পশ্চিমে কোশল রাজ্যের রাজধানী শ্রাবস্তী নগরী ছিল অনেক ধর্মের মিলন ক্ষেত্র। বোধিলাভের পর বুদ্ধদেব বহুবছর সেখানে ছিলেন। প্রদর্শন করেন অনেক অলৌকিক মহিমা। শ্রাবস্তী নগরীতেই জন্মান জৈনধর্মের ২৪তম তীর্থঙ্কর মহাবীরের শিষ্য মঙ্গলিপুত্র গোসালা। সেখানকার দুটি বৌদ্ধবিহারের নাম পূর্বরাম ও জেঠবন।

সিদ্ধার্থের বাবা শাক্যরাজ শুদ্ধোদনের রাজধানী কপিলাবস্তু। সেখান থেকে হিউয়েন সাঙ এলেন লুম্বিনী। এখানেই জন্মেছিলেন সিদ্ধার্থ। পরবর্তীকালে তিনি হন বুদ্ধদেব। লুম্বিনী থেকে কুশীনগর ১৬৫ কিলোমিটার। ৮০ বছর বয়সে সেখানে বুদ্ধদেব দেহত্যাগ করেন। বিভিন্ন জায়গা ঘুরতে ঘুরতে পূর্ণ হয় হিউয়েন সাঙের অভিজ্ঞতার ঝুলি। এরপর সারনাথ যেখানে অশ্বত্থ গাছের নিচে বুদ্ধদেব প্রথম তাঁর বাণী প্রচার করেন। শোনা যায় সারনাথে ধামেক স্তুপের কাছে বুদ্ধের বাণী শুনেছিলেন তাঁর পাঁচজন শিষ্য। গুরুর পথ অনুসরণ করে তাঁদেরও নির্বান লাভ হয়। বারানসী থেকে ২৭৮ কিলোমিটার উত্তর পূর্বে বৈশালী। সেখানে অনুষ্ঠিত হয়েছিল ২য় বৌদ্ধ সম্মেলন। বৌদ্ধ সন্ন্যাসীদের আচরণে শিথিলতা নিয়ে আলোচনা হয় সেই সম্মেলনে।

সলোমনের রত্নভাণ্ডার

পাটনা থেকে সড়কপথে মাত্র ৪ ঘন্টায় ১২৯ কিলোমিটার পথ পেরিয়ে পৌঁছান যায় বোধগয়া। সেখানেই বোধিলাভ করেন সিদ্ধার্থ। মহাকাশ্যপ ছিলেন বুদ্ধের প্রধান শিষ্যদের একজন। তাঁর জন্ম মগধের মহাতীর্থ গ্রামে। বাবা মায়ের ইচ্ছায় ভদ্রা কাপিলানীকে বিয়ে করেন তিনি। তাঁর শ্বশুরবাড়ি ছিল সাগালা - বর্তমান পাকিস্তানের শিয়ালকোট। স্বামী-স্ত্রী হয়েও সারাজীবন তাঁরা সন্ন্যাসজীবন কাটিয়েছেন। বুদ্ধের মৃত্যুর পর তাঁর অনুগামীদের প্রধান হন মহাকাশ্যপ। রাজগীরে ১ম বৌদ্ধ সম্মেলনে তিনি পৌরহিত্য করেন। বোধগয়ায় গুরপা বা কুক্কুটপদ পাহাড়ে মহাকাশ্যপের পায়ের ছাপ আছে।

নালন্দায় হিউয়েন সাঙ ৫ বছর যোগাচার বৌদ্ধধর্ম শিক্ষালাভ করেন। মহাযানের এই শাখাটির উদ্ভাবক আসঙ্গ ও বসুবন্ধু। যোগাচার দর্শনের অন্য নাম বিজ্ঞানবাদ। এই মতবাদে মন সত্য, চেতনা সত্য। কোনকিছু দেখার পর মন সেটির একটা ছবি তৈরি করে। সহজ কথায় সেই ছবিকেই বলা যায় চেতনা বা জ্ঞান। যোগ সাধনার মাধ্যমে পরমজ্ঞান লাভ করে মুক্তির আনন্দ উপভোগই যোগাচারের উদ্দেশ্য। বৌদ্ধদের কাছে পরমজ্ঞানই নির্বান। নালন্দা বৌদ্ধবিহারে আচার্য শীলভদ্র ছিলেন হিউয়েন সাঙের শিক্ষক। সেখানকার আরো অনেক শিক্ষকদের মধ্যে ছিলেন আসঙ্গ, বসুবন্ধু, দিগনাগ ও ধর্মপাল। হিউয়েন সাঙও কিছুদিন এই বৌদ্ধবিহারে শিক্ষকতা করেন। নালন্দার এই বৌদ্ধবিহারটি তৈরি হয়েছিল গুপ্ত যুগে। সারিপুত্র ছিলেন বুদ্ধের একজন প্রধান শিষ্য। বুদ্ধের পথ অনুসরণ করে তিনিও নির্বান লাভ করেন। নালন্দায় সম্রাট অশোক বিশাল একটি স্তুপ নির্মাণ করান। সেই স্তুপে সারিপুত্রের দেহাবশেষ রাখা আছে।

জানার কোনো শেষ নেই। হিউয়েন সাঙ এবার চললেন দক্ষিণে। অন্ধ্রপ্রদেশের পালনাড়ু জেলায় অমরাবতীতে একটি প্রাচীন বৌদ্ধস্তুপ রয়েছে। সম্ভবত সেটি তৈরি হয়েছিল খ্রিস্টপূর্ব থেকে খ্রিস্টিয় ৩ শতাব্দীর মধ্যে। একসময় অমরাবতী মহাবিহারে পূর্ব, দক্ষিণ-পূর্ব এশিয়া ও সারা ভারতের অনেক ছাত্র ধর্মচর্চা করতেন। অমরাবতী থেকে ১৫০ কিলোমিটার পশ্চিমে মাচেরলা হয়ে যাওয়া যায় নাগার্জুনকোন্ডা। বুদ্ধের শিষ্য নাগার্জুনের নামানুসারে এই জায়গাটির প্রাচীন নাম ছিল বিজয়পুরী। এখানকার বৌদ্ধবিহারের খ্যাতি ছিল বিশাল। জ্ঞানের আকর্ষণে গান্ধার, বাংলা এমনকি সিংহল থেকেও অনেক বৌদ্ধ সন্ন্যাসী আসতেন এখানে। নাগার্জুন সৃষ্টি করেন বৌদ্ধধর্মের মাধ্যমিকা দর্শন যার মূল মন্ত্র শূন্যতা। তিনি জোর

২৯

দিয়েছিলেন মনকে লোভশূণ্য করে আমিত্বহীন অনুভূতি সৃষ্টির মাধ্যমে মুক্তিলাভের উপর।

পল্লব রাজ্যের রাজধানী ছিল কাঞ্চীপুরম। খ্রিস্টিয় ৬৪০ সালে হিউয়েন সাঙ কাঞ্চীপুরমে হিন্দু, বৌদ্ধ ও জৈন ধর্মের শান্তিপূর্ণ সহাবস্থান লক্ষ্য করেন। সিংহাসনে তখন প্রথম নরসিংহবর্মন। বাতাপির যুদ্ধে তাঁর হাতে নিহত হন চালুক্য বংশের দ্বিতীয় পুলকেশি। শিবভক্ত রাজা প্রথম নরসিংহবর্মন ছিলেন মল্লযোদ্ধা। তাঁর আরেক নাম মামল্ল। সেই নাম অনুসারে মহাবলীপুরমের নাম হয়েছিল মামল্লপুরম। হিউয়েন সাঙ কাঞ্চীপুরমে অনেক বৌদ্ধবিহার ও সম্রাট অশোকের আমলে তৈরি একটি বৌদ্ধস্তুপের কথা বলেন। শোনা যায় চ্যান বৌদ্ধধর্মের প্রতিষ্ঠাতা বোধিধর্ম ছিলেন পল্লব বংশের এক রাজপুত্র। চ্যান মহাযান বৌদ্ধধর্মের একটি শাখা। অনেকের মতে চ্যান আসলে মহাযান ও তাওবাদের সংমিশ্রণ। তাং যুগে বৌদ্ধধর্মের এই শাখাটির উৎপত্তি হয়েছিল চিনদেশে। তারপর সেটি ছড়িয়ে পড়ে পৃথিবীর নানা দেশে। জাপানে চ্যানের নাম জেন যার মূলে রয়েছে ধ্যান বা মনসংযোগ।

চলার অভিমুখ এবার দক্ষিণ থেকে পশ্চিমে। হিউয়েন সাঙ পৌঁছে যান নাসিক। মারাঠি ভাষায় লেনি শব্দের অর্থ গুহা। নাসিকে ত্রিরশ্মি পাহাড়ে খোদাই করা পূর্বমুখি ২৪টি বৌদ্ধ গুহার নাম তাই ত্রিরশ্মি লেনি। গুহাগুলি তৈরি হয়েছিল খ্রিস্টপূর্ব ১ শতাব্দীতে। বৌদ্ধধর্মের হীনযান শাখার অনুগামীরা সেই গুহাগুলিতে থাকতেন। অনেকে হীনযানকে থেরবাদ বলেন। এর অর্থ প্রবীণদের মতবাদ। শ্রীলঙ্কা, মায়ানমারসহ দক্ষিণ পূর্ব এশিয়ার অনেক দেশের মানুষ এই মতবাদ অনুসরণ করেন। থেরবাদ আসলে প্রবীণদের মতবাদ। ত্রিরশ্মি পাহাড়ের গুহাবাসী বৌদ্ধ সন্ন্যাসীদের পরিধানের রঙ ছিল হলুদ। পালি ভাষায় পুন্ড্রু শব্দের অর্থ হলুদ। পুন্ড্রু থেকে একসময় সেই গুহাগুলির নাম হয়ে যায় পান্ডবগুহা।

প্রাচীনকালে মল্ল অঞ্চলে অবন্তী রাজ্যের রাজধানী ছিল আজকের উজ্জয়িনী শহর। এখানেই জন্মগ্রহণ করেন বুদ্ধের শিষ্য মহাকাত্যায়ন। অবন্তীর রাজা প্রদ্যুতকে তিনি বুদ্ধের বাণী শোনান। শুধু তাই নয় রোরুকা শহরে মহাকাত্যায়নের কাছে ধর্মকথা শুনেছিলেন রাজা রুদ্রায়ন। তাঁর সহধর্মিনীও বুদ্ধের বাণী শোনার ইচ্ছা প্রকাশ করলে মহাকাত্যায়ন রাজঅন্তঃপুরে একজন সন্ন্যাসিনীকে পাঠিয়েছিলেন। অনুমান করা হয় সেই রোরুকা

শহরটি বর্তমান পাকিস্তানের সিন্ধুপ্রদেশে রোহরি কিংবা আরর। রাজা প্রদ্যুতের স্ত্রী গোপালমাতা উজ্জ্বয়িনীতে একটি বৌদ্ধস্তুপ নির্মাণ করেন। হিউয়েন সাঙ সেখানকার অনেক বৌদ্ধবিহারের কথা লিখেছেন। প্রত্নতাত্ত্বিকদের অনুমান উজ্জ্বয়িনী শহরে বৈশ্য টিলার নিচে মৌর্য্য যুগের একটি বৌদ্ধস্তুপ রয়েছে। উজ্জ্বয়িনী থেকে ২৩৬ কিলোমিটার দূরে সাঁচী। সেখানে সম্রাট অশোকের তৈরি বিখ্যাত স্তুপটিতে বুদ্ধের দেহাবশেষ রাখা আছে। সাঁচীর কাছেই বিদিশা।

ঘুরতে ঘুরতে পশ্চিমবঙ্গের তাম্রলিপ্তি বা তমলুক। এখানেও হিউয়েন সাঙ বেশ কয়েকটি বৌদ্ধবিহার দেখতে পান। সম্প্রতি তমলুক থেকে ১২২ কিলোমিটার দূরে পশ্চিম মেদিনীপুরের মোগলমারিতে প্রত্নতাত্ত্বিক খননকার্য চালিয়ে একটি প্রাচীন বৌদ্ধবিহারের ধ্বংসাবশেষ খুঁজে পাওয়া গেছে। তারপর বাংলাদেশে মহাস্থানগড়। একসময় এই জায়গাটি ছিল পুন্ড্রবর্ধন রাজ্যের সীমানায়। বগুড়া থেকে করতোয়া নদীর পাড়ে এই জায়গার দূরত্ব ৩১৫ কিলোমিটার। এখানে মৌর্য্য যুগের অনেক প্রত্নতাত্ত্বিক নিদর্শন মিলেছে। মহাস্থানগড় থেকে প্রায় ১০ কিলোমিটার এগোলেই ভাসু বিহার। স্থানীয়রা বলেন নরপতির ধাপ। সেখানে আছে দুটি প্রাচীন বৌদ্ধবিহারের ধ্বংসাবশেষ। আলেকজান্ডার কানিংহামের মতে বাংলাদেশ ভ্রমণকালে হিউয়েন সাঙ এখানে এসেছিলেন। ভাসু বিহার থেকে আরো ৪৬ কিলোমিটার দূরে পাহাড়পুরে সোমপুর মহাবিহার। খ্রিস্টিয় ৮ম শতাব্দীতে সেটি স্থাপন করেন পাল সম্রাট ধর্মপাল।

কামরুপে রাজা ভাস্করবর্মনের সঙ্গে দেখা করে হিউয়েন সাঙ ফিরে এলেন কনৌজ। হর্ষবর্ধন আয়োজিত এক বৌদ্ধধর্ম সম্মেলনে যোগ দিতে। রাজা ভাস্করবর্মনও তাঁর সঙ্গে ছিলেন। সেই সম্মেলনে হিউয়েন সাঙের উল্লেখযোগ্য ভুমিকা ছিল। শোনা যায় হর্ষবর্ধন বৌদ্ধধর্ম ও হিউয়েন সাঙকে বেশি প্রাধান্য দিয়েছিলেন। তারজন্য উভয়েরই জীবনসংশয় হয়। এলাহাবাদে অনুষ্ঠিত কুম্ভমেলাতেও হিউয়েন সাঙ উপস্থিত ছিলেন। সব ধর্মের সমন্বয়ে সেই মেলার নাম ছিল মহামোক্ষ পরিষদ। মেলা চলে ৭৫ দিন ধরে। প্রথম দিনে ভক্তি নিবেদন বুদ্ধদেবের উদ্দেশ্যে। তারপর দান ধ্যান। রাজা নিজের সবকিছু বিলিয়ে দিতেন। তারপর বোন রাজ্যশ্রীর কাছ থেকে পুরানো পরিধেয় চেয়ে নিয়ে অতি সাধারণের মতোই ভক্তি নিবেদন করতেন বুদ্ধের চরণে।

বাড়ি ছেড়েছিলেন আনুমানিক ৬২৯ খ্রিস্টাব্দে। দেখতে দেখতে পার হয় দীর্ঘ ১৬টি বছর। এবার ফেরার জন্য তৈরি হন হিউয়েন সাঙ। পথে তাঁর যাতে কোনও সমস্যা না হয় সেজন্য যথাযথ ব্যবস্থা করেন রাজা হর্ষবর্ধন। সঙ্গে দিলেন বুদ্ধের বেশ কয়েকটি মূর্তি, কিঞ্চিত দেহাবশেষ ও প্রচুর দুষ্প্রাপ্য ধর্মগ্রন্থ। বৌদ্ধধর্মের মূল শাখাটির খোঁজ পাওয়া গেল কিনা জানি না। তবে সেই ধর্মের শাখাগুলি অনুসরণের ফল যে একই সেটা বুঝতে হিউয়েন সাঙের হয়তো কোন অসুবিধা হয়নি।

দুই যুগের মিলনক্ষেত্র কুমরাহার

মৌর্য্য সম্রাট চন্দ্রগুপ্তের রাজধানী যে পাটলিপুত্র সেকথা অনেকেই জানেন। একসময় সেই জায়গাটির নাম ছিল পাতলিগ্রাম। শোনা যায় পৌরাণিক যুগে রানী পাতলির জন্য চোখের নিমেষে সুন্দর একটি জায়গা সৃষ্টি করেছিলেন রাজা পুত্রক। তখন তো আর শহর ছিল না, সব জায়গাতেই গ্রামের পরিবেশ। রাণীর জন্য তৈরি সেই জায়গার নাম তাই পাতলিগ্রামই হয়ে গেল। কেউ কেউ মনে করেন পাতলি ও পুত্রকের সমন্বয়ে ধীরে ধীরে পাতলিগ্রাম হয়েছিল পাটলিপুত্র। আবার অনেকের মতে রাণীর প্রথম পুত্রের জন্মের পর পাতলিগ্রামের নাম হয় পাতলিপুত্র বা পাটলিপুত্র।

গঙ্গা ও শোন নদীর সঙ্গমে পাটলিপুত্রের সঙ্গে জড়িয়ে আছে মগধের রাজা উদয়নের নাম। বাবা অজাতশত্রুর মৃত্যুর পর খ্রিস্টপূর্ব ৫ম শতাব্দীতে তিনি সেই রাজ্যের রাজধানী রাজগীর থেকে সরিয়ে পাটলিপুত্রে নিয়ে আসেন। পরবর্তীকালে আরো অনেক রাজবংশের রাজধানী ছিল পাটলিপুত্র - আজকের পাটনা। এখানে আছে পাটান দেবী বা পাটনেশ্বরী মায়ের মন্দির। অনেকের বিশ্বাস দেবীর নাম থেকেই পাটনা শব্দের উৎপত্তি।

ম্যাসিডনের রাজা আলেকজান্ডারের প্রধান সেনাপতি ছিলেন সেলুকাস, তাঁর দূত হয়ে পাটলিপুত্রে এসেছিলেন মেগাস্থিনিস। ভারতে তিনি কিছুদিন ছিলেন। মেগাস্থিনিসের লেখা ইন্ডিকা থেকে পাটলিপুত্র সম্পর্কে অনেক

তথ্য জানা যায়। সম্রাট চন্দ্রগুপ্তের প্রাসাদ ছিল পুরোটাই কাঠের তৈরি। সেটি আগুনে পুড়ে গেলে নতুন প্রাসাদ তৈরি করেন সম্রাট অশোক। বেলে পাথরের অনেক স্তম্ভ ছিল সেই প্রাসাদে। বিশেষজ্ঞরা আচেমেনিয় সম্রাট ১ম দারিয়াস ও অশোকের প্রাসাদের মধ্যে একটি আশ্চর্য মিল খুঁজে পেয়েছেন। দুই সম্রাটের প্রাসাদেই ছিল পালিশ করা স্তম্ভ। তবে অশোকের প্রাসাদের স্তম্ভগুলো ছিল একটিমাত্র পাথর কেটে তৈরি। ইরানে দারিয়াসের দুটো প্রাসাদের মধ্যে একটি সুসায় ও অন্যটি ছিল পার্সিপোলিসে। সেগুলো বানানো হয় খ্রিস্টপূর্ব ৬ষ্ঠ শতাব্দীতে।

আমাদের দেশে পাথরের স্থাপত্য ও ভাস্কর্যে পালিশের ব্যবহার শুরু হয়েছে সম্ভবত মৌর্য্য যুগে। বোধগয়া থেকে ৪৮ কিলোমিটার দূরে বরাবর পাহাড়। অশোকের আমলে আজীবক সন্ন্যাসীদের জন্য সেখানে তৈরি হয়েছিল ৪টি গুহা। সেগুলোর নাম লোমশ ঋষি, করণ চৌপার, সুদামা ও বিশ্বকর্মা। পালিশের কারনে সেই গুহাগুলির ভেতরের দেয়াল ছিল কাঁচের মতো চকচকে। আজীবক সন্ন্যাসীরা মাকখালিপুত্র গোসালার অনুগামী। গোসালা ছিলেন মহাবীর ও গৌতম বুদ্ধের সমসাময়িক। আজীবকদের বিশ্বাস সবকিছুই স্থির, আর যেকোন পরিবর্তনই মায়া।

প্রথমদিকে অশোক ছিলেন ভয়ানক নিষ্ঠুর। মানুষকে যন্ত্রণা দিয়ে হত্যা করে তিনি আনন্দ পেতেন। শোনা যায় তাঁর সেই প্রাসাদে ছিল একটি নির্যাতন কক্ষ। বাইরে থেকে সেটি খুবই সুন্দর। ভুল করে কেউ সেখানে ঢুকে পড়লে বেঘোরে তার প্রাণটি যেত। নিরপরাধ মানুষদের হত্যার জন্য অশোক এক ঘাতককে নিযুক্ত করেছিলেন।

ভয়ঙ্কর সেই ঘাতকের নাম ছিল গিরিকা। একবার সমুদ্র নামে একজন বৌদ্ধ সন্ন্যাসী নির্যাতন কক্ষে প্রবেশ করলে গিরিকা তাঁর উপর অত্যাচার শুরু করে। কিন্তু সমুদ্র অবিচল। সব শুনে অশোক নির্যাতন কক্ষে এসে দেখলেন এক অলৌকিক কান্ড। নিজের চোখকে তিনি বিশ্বাস করতে পারলেন না। অবশেষে সবকিছু পরিস্কার হয় তাঁর কাছে। সমুদ্র সম্রাটকে বলেন - কষ্টের কারন জানা থাকলে তা দূর করা সম্ভব, কোনো কষ্টকেই তখন আর কষ্ট মনে হয় না।

নিজের ভুল বুঝতে পেরে অনুতপ্ত হন অশোক। ঘাতক গিরিকাকে তিনি জীবন্ত পুড়িয়ে মারার আদেশ দেন, ভেঙে ফেলেন প্রাসাদের সেই অভিশপ্ত

কক্ষটি। শোনা যায় তারপর ভগবান বুদ্ধের পথ অনুসরণ করেন অশোক। মানুষের মঙ্গল করাই হয় তাঁর ধর্ম। অনেকে বলেন কলিঙ্গ যুদ্ধের পর তিনি বৌদ্ধধর্ম গ্রহণ করেছিলেন।

ধর্ম আসলে নীতি, নিয়ম, নির্দেশ ও আরো অনেককিছু। সবার স্বার্থে বিশাল সাম্রাজ্যের সব জায়গায় যাতে তাঁর নীতি কার্যকর হয় সেজন্য অশোক পাথরের অনেক স্তম্ভ নির্মাণ করান। পালিশযুক্ত সেইসব স্তম্ভের উপর সাধারণত প্রাকৃত ভাষায় ব্রাহ্মী ও খরোষ্ঠী লিপিতে লেখা হত তাঁর আদেশ।

খ্রিস্টিয় ১৯১২ সালে কুমরাহারে প্রত্নতাত্ত্বিক খননকার্য শুরু হওয়ার পর পালিশ করা বেলেপাথরের একটি স্তম্ভ আবিষ্কার করেন আমেরিকার পুরাতত্ত্ববিদ ডাক্তার ডেভিড ব্রেনার্ড স্পুনার। ভারতে তিনি ব্রিটিশ আর্কিওলজিকাল সার্ভের হয়ে কাজ করেন। আর্কিওলজিকাল সার্ভে অব ইন্ডিয়ার ডিরেক্টর জেনারেল স্যার জন মার্শালের সহকারী হিসাবেও তিনি কাজ করেছেন। বেলেপাথরের স্তম্ভটির সঙ্গে একই জায়গায় স্পুনার দেখতে পান পাথরের বেশকিছু টুকরো আর (খুঁজে পাওয়া স্তম্ভের গর্তটি ছাড়াও) ছাই ভরা ৭১টি গর্ত। গর্তগুলির অবস্থান ও প্রতিটি গর্তে একটি করে পাথরের স্তম্ভের অস্তিত্ব বিবেচনার পর স্পুনারের মনে হয় একসময় সেখানে ৭২ স্তম্ভ-বিশিষ্ট মৌর্য্য যুগের একটি বিশাল হলঘর ছিল।

পাটনা স্টেশন থেকে কাঁকরবাগ রোড ধরে রাজেন্দ্রনগর টার্মিনাল ছাড়িয়ে কিছুক্ষণের মধ্যেই কুমরাহার উদ্যান। সকালে অনেকে এখানে হাঁটতে আসেন। বর্তমানে উদ্যানটির রক্ষণাবেক্ষণের ভার আর্কিওলজিকাল সার্ভে অব ইন্ডিয়ার উপর। কুমরাহার উদ্যানে এলে চারদিক খোলা একটা রেলিং দেওয়া ঘরে স্পুনারের আবিষ্কৃত সেই স্তম্ভটি দেখতে পাওয়া যায়। মৌর্য্য যুগের হলঘরটির অবস্থান ছিল উদ্যানের ভেতরেই এক জায়গায়। কুমরাহার উদ্যানের প্রদর্শণী কক্ষে সৃষ্টি করা হয়েছে একটি ত্রিমাত্রিক দৃশ্য। সেটি দেখলে সেই হলঘর সম্পর্কে একটা ধারণা পাওয়া যায়।

হলঘরটিতে কোনো দেয়াল ছিল না। কেউ বলেন সেটি ছিল মৌর্য্য সম্রাটদের বিনোদন কক্ষ। কাঠের মেঝে ও ছাদ-যুক্ত হলঘরটির সামনে একটা খাল সরাসরি যুক্ত ছিল শোন নদীর সঙ্গে। শোনা যায় খাল পাড় থেকে শাল কাঠের সিঁড়ি বেয়ে সহজেই প্রবেশ করা যেত সেই ঘরটিতে। অনেকের মতে সেখানে অনুষ্ঠিত হয়েছিল তৃতীয় বৌদ্ধ মহাসম্মেলন যার

পৃষ্ঠপোষক ছিলেন সম্রাট অশোক স্বয়ং। ভগবান বুদ্ধ তাঁর অনুগামীদের নিয়ে সংঘ গড়েছিলেন। একসময় সেখানে কিছু ভেকধারী সন্ন্যাসীর অনুপ্রবেশ ঘটে। বুদ্ধের বানীর অপব্যাখ্যা করে তারা নিজেদের স্বার্থসিদ্ধি করত। তৃতীয় বৌদ্ধ মহাসম্মেলনের উদ্দেশ্য ছিল সেইসব স্বার্থাণ্বেষীদের অপসারণ করে সংঘকে রক্ষা করা। প্রায় ১০০০ বৌদ্ধ সন্ন্যাসী সেই মহাসম্মেলনে যোগ দিয়েছিলেন। বিংশ শতাব্দীর দ্বিতীয়ার্ধে আরো ৮টি গর্তের সন্ধান পাওয়া গেলে সেই হলঘরের স্তম্ভের সংখ্যা বেড়ে হয় ৮০।

কারো কারো মতে চন্দ্রগুপ্তের কাঠের প্রাসাদ আগুনে ধ্বংস হলে সম্রাট অশোক সেখানেই তৈরি করেন ৮০ স্তম্ভের বিশাল হলঘরটি। অশোকের প্রাসাদ। সভাসদদের নিয়ে সম্রাট সেখানেই বসতেন। পাটলিপুত্র শহরের সুরক্ষায় কাঠের প্রাচীরের কথা লিখেছিলেন মেগাস্থিনিস। ১৯১৪ সালে কুমরাহার উদ্যান থেকে ১.৯ কিলোমিটার দূরে বুলন্দিবাগে সেটির অংশবিশেষ খুঁজে পান ডাক্তার স্পুনার।

এক অদ্ভুত নীরবতায় এগিয়ে চলে সময়। গাছের কোটর থেকে মুখ বাড়ায় লেজ ফোলা কাঠবিড়ালি। সবুজ ঘাসের গালিচায় আঁকা পথ মিশে যায় আরেক পথের সাথে। অগভীর জলাশয়ের ধারে কয়েকটি পাতিহাঁস। উদ্যানের আরেক প্রান্তে শুরু হয় গুপ্ত যুগ। সম্রাট বিক্রমাদিত্যের রাজত্বকালে চীন থেকে পাটলিপুত্রে এসেছিলেন বৌদ্ধ সন্ন্যাসী ফা-হিয়েন। অশোকের তৈরি মৌর্য্য যুগের সেই প্রাসাদটি তিনিও নাকি দেখেছিলেন। প্রাসাদের সৌন্দর্য্যে মুগ্ধ হয়ে তাঁর মনে হয়েছিল সেটি কোনো মানুষের সৃষ্টি নয়। জন মার্শাল বলেন সূক্ষ্মতার বিচারে মৌর্য্য স্থাপত্য এথেনসের স্থাপত্যকেও হার মানায়। বরাবর পাহাড়ের গুহাগুলি ঠিক যেন পাথরে খোদাই করা বাড়ি। সবচেয়ে সুন্দর লোমশ ঋষি গুহা।

বেশ কয়েকবছর পাটলিপুত্রে থেকে ফা-হিয়েন লক্ষ্য করেন অনেক ধর্মের শান্তিপূর্ণ সহাবস্থান। সেখানে মানুষের অবস্থা ভাল ছিল। একটি চিকিৎসা কেন্দ্রের কথাও তিনি বলেন। তাঁর কথা সত্য প্রমাণিত হয় কুমরাহার উদ্যানে বৌদ্ধ সন্ন্যাসীদের একটি চিকিৎসা কেন্দ্রের ধ্বংসাবশেষ আবিষ্কৃত হওয়ার পর। বিশেষজ্ঞদের মতে কুমরাহার উদ্যানেই ছিল গুপ্ত যুগের আরোগ্য বিহার, যেটির দায়িত্বে ছিলেন রাজবৈদ্য ধণ্বন্তরী। এখন সেই আরোগ্য বিহার পোড়ামাটির ইটের ভিত ছাড়া আর কিছুই নয়। ইটগুলিও বেশ অদ্ভুত

। এখনকার ইটের সঙ্গে সেগুলোর কোনো মিল নেই, কোনো কোনো ইটের দৈর্ঘ্য ১ ফুটেরও বেশি।

সকালের সোনারোদ মেখে অশত্থের শাখায় শাখায় নানা রঙে সেজে ওঠে কচিপাতার দল। কোথাও ফুলের মেলা। খ্রিস্টিয় ৭ম শতাব্দীতে হর্ষবর্ধনের রাজত্বকালে পাটলিপুত্রে এসেছিলেন বৌদ্ধ সন্ন্যাসী হিউয়েন সাঙ। সেখানে ধ্বংসস্তুপ ছাড়া আর কিছুই তিনি দেখতে পাননি। সেইসময় গুরুত্বপূর্ণ শহর হিসাবে পাটলিপুত্রের স্থান দখল করেছিল কনৌজ। অতীতের সব ঘটনাই আজ ইতিহাস। চন্দ্রগুপ্তের আরেক স্ত্রী সেলুকাসের মেয়ে হেলেনা ছিলেন দারুণ সুন্দরী। সময়ের সিঁড়ি বেয়ে পেছনে হাঁটতে ইচ্ছা হয়। যদি কখনো কুমরাহার উদ্যানে রাণীর দেখা মেলে।

শূন্যতা ও বামিয়ান বুদ্ধ

দিব্যজ্ঞান লাভের পর সিদ্ধার্থ (গৌতম) হলেন বুদ্ধ। উপলব্ধির কথা তিনি অনেককে শোনান। শ্রোতারা তাঁর শিষ্য। দীর্ঘ ৪৫ বছর ধরে বুদ্ধ যা যা বলে গেছেন সেসবকে একসঙ্গে বলা হয় বৌদ্ধধর্ম। ধর্মগুরু হিসাবে বুদ্ধের একটি নাম ভৈরোকানা। বৌদ্ধধর্মে মহাযান ও বজ্রযান শাখার অনুগামীরা তাঁদের গুরুকে এই রূপেই ভক্তি করেন। আফগানিস্তানের বামিয়ান শহরে বিশাল দুই বুদ্ধমূর্তির সবচেয়ে বড়টি অনেকের কাছে ভৈরোকানা নামে পরিচিত।

ভারতে সেইসময় ইস্ট ইন্ডিয়া কোম্পানির শাসন। সিপাহী বিদ্রোহ তখনও দানা বাঁধেনি। ইতিমধ্যে রাশিয়ার নজর পড়ে মধ্য এশিয়ায়। ব্রিটিশদের সন্দেহ হয় রুশরা যদি ভারত আক্রমণ করে বসে তাহলেই সর্বনাশ। বিপদ আসার আগে তাই সতর্ক হওয়া খুব জরুরি। রুশদের গতিবিধির উপর নজর রাখার জন্য মধ্য এশিয়া সম্পর্কে তারা খোঁজখবর নিতে শুরু করে।

সেই কাজের দায়িত্ব যাকে দেওয়া হয়েছিল তাঁর নাম আলেকজান্ডার বার্নেস। বুখারা বার্নেস নামেই তিনি অনেকের কাছে পরিচিত। পেশোয়ার থেকে কাবুল, বামিয়ান হয়ে তিনি পৌঁছে যান বুখারায়। পাঁচ দেশ - উজবেকিস্তান, তাজিকিস্তান, কিরঘিজস্তান, কাজাখস্থান ও তুর্কমেনিস্তান নিয়ে মধ্য এশিয়া। বুখারা উজবেকিস্তানের একটি অতি গুরুত্বপূর্ণ শহর। রেশম পথ চলে গেছে এই শহরের উপর দিয়ে অনেক দিকে। আলেকজান্ডার বার্নেসের

দুঃসাহসিক সেই অভিযানের কথা আমরা জানতে পারি তাঁরই লেখা বই 'ট্রাভেলস ইনটু বোখারা' থেকে। ৩ খন্ডের সেই বইটি প্রকাশিত হয় ১৮৩৪ সালে।

ছবির মতো সুন্দর আফগানিস্তানের বামিয়ান শহর । কাবুল থেকে বামিয়ানের দূরত্ব ১৮১ কিলোমিটার। হিন্দুকুশ পর্বতমালায় ঘেরা এই শহরের মাঝখানে আছে একেবারে আলাদা একটি পাহাড়, সেটির নাম ঘুলঘুলা। পাহাড়টির একধারে পশ্চিম ও পূর্ব প্রান্তে খোদাই করা হয়েছিল যথাক্রমে ১৮০ ফুট ও ১২৫ ফুট উচ্চতার দুটি দাঁড়িয়ে থাকা বুদ্ধমূর্তি। বার্নেস তাঁর বইতে লেখা ও রেখায় বামিয়ানের সেই মূর্তিদুটির বর্ণনা করেছেন। ঘুলঘুলা পাহাড়ে বড় বুদ্ধমূর্তির নাম সালসাল, অন্যটি শামামা। দুই নামে কখনো তিনি পুরুষ, কখনো বা নারী। অনেকে বলেন মূর্তিদুটি কোন এক রাজা ও রাণীর। সেই রাজার নামও নাকি সালসাল। যদিও এই ব্যাপারে সঠিক কোন প্রমাণ পাওয়া যায় না।

বামিয়ান শব্দের অর্থ উজ্জ্বল আলো । কারো কারো মতে ভগবানের উপত্যকা। ভগবান শক্তির আধার। ভক্তদের তিনি নানা বিপদ থেকে রক্ষা করেন। প্রথম জীবনে বুদ্ধদেব ছিলেন শাক্য বংশীয় রাজপুত্র সিদ্ধার্থ। শোনা যায় ২৯ বছর বয়সে একদিন নগর ভ্রমণে বেরিয়ে পরপর জরা, ব্যাধি ও মৃত্যুর মতো ৩টি দৃশ্য দেখে তাঁর বুঝতে কোনো অসুবিধা হয় না জীবন বড়ই দুঃখময়। যে করে হোক মানুষের দুঃখের অবসান তাঁকে ঘটাতেই হবে। শেষে এক সন্ন্যাসীকে দেখে রাজপ্রাসাদের বিলাসবহুল জীবন ছেড়ে সিদ্ধার্থ পথে নামেন। দীর্ঘ ৬বছর কঠোর সাধনার পর তিনি দিব্যজ্ঞান লাভ করলেন। জন্মই আসলে সকল কষ্টের কারন। একমাত্র ভাল চিন্তা ও ভাল কাজের মাধ্যমেই জন্ম মৃত্যুর শৃংখল থেকে মুক্ত হওয়া যায়। দিব্যজ্ঞান বা বোধি লাভের পর সিদ্ধার্থের নাম হল বুদ্ধ। জ্ঞানের আলো জ্বালিয়ে মানুষকে তিনি মুক্তির পথ দেখান শুরু করলেন। জ্ঞানই শক্তি। যার মধ্যে দিব্যজ্ঞান লাভ করার ইচ্ছে আছে তাকে বলা হয় বোধিসত্ব। বুদ্ধের মধ্যে খুঁজে পাই ভগবানকে।

বামিয়ান থেকে ৪৪৬ কিলোমিটার দূরে বলখ। ব্যাকট্রিয়া অঞ্চলের একটি শহর। সেই অঞ্চলটির সীমানায় আফগানিস্তান ছাড়াও ছিল মধ্য এশিয়ার তাজিকিস্তান ও উজবেকিস্তানের অংশ । অ্যাচিমেনীয় সম্রাট তৃতীয় দারিয়াসকে হারিয়ে ম্যাসিডনের রাজা আলেকজান্ডার বামিয়ান থেকে

ব্যাকট্রিয়ায় অভিযান চালিয়েছিলেন। সেইসময় ব্যাকট্রিয়া ছিল অ্যাচিমেনীয় সাম্রাজ্যের একটি প্রদেশ। খ্রিস্টপূর্ব ৫৫০ সালে প্রাচীন ইরানে এই সাম্রাজ্যটি স্থাপন করেছিলেন সাইরাস দ্য গ্রেট। আলেকজান্ডারের মৃত্যুর পর ব্যাকট্রিয়া দখল করেন সেলুকাস।

একসময় পাকিস্তান ও আফগানিস্তানের যথাক্রমে উত্তর-পশ্চিম ও দক্ষিণ-পূর্ব অংশকে বলা হত গান্ধার। খ্রিস্টপূর্ব ৩০৩ সালে চন্দ্রগুপ্ত মৌর্য্য সেলুকাসকে যুদ্ধে হারিয়ে গান্ধার অঞ্চলসহ তাঁর সাম্রাজ্যের বেশকিছু অংশ দখল করেন। সম্রাট অশোকের রাজত্বকালে ইরানের অনেক অংশ মৌর্য্য সাম্রাজ্যের অন্তর্ভুক্ত হয়। সেইসময় অবিভক্ত ভারতের পশ্চিম সীমান্তের ওপারে বৌদ্ধধর্মের ব্যাপক প্রসার ঘটে। শোনা যায় বুদ্ধদেবের ২জন শিষ্য ছিলেন বলখের অধিবাসী। তাঁদের মধ্যে একজনের নাম ছিল বল্হীক। বুদ্ধদেব সেই দুই শিষ্যকে তাঁর মাথার ৮টি চুল দিয়েছিলেন। দেশে ফিরে তাঁরা ২টি স্তুপ নির্মাণ করেন। প্রতিটি স্তুপে রাখা হয় ৪টি করে চুল। সম্ভবত বল্হীক থেকেই বলখ শব্দের উৎপত্তি।

খ্রিস্টপূর্ব আনুমানিক ২৫৫ সালে ব্যাকট্রিয়ার রাজা হন প্রথম ডায়োডোটাস। তারপর সেই রাজ্যটি চলে যায় এচিমেনীয় সাম্রাজ্যের সোগদিয়া প্রদেশের শাসক ইউথাইডেমাসের হাতে। কেটে যায় বেশ কিছু বছর। প্রথম ইউক্রেটাইডেস মারা যাওয়ার পর খ্রিস্টপূর্ব আনুমানিক ১৬৫ সালে ব্যাকট্রিয়া রাজ্যের একটি অংশ দখল করেন মিনান্দার। তাঁর রাজ্যের রাজধানী ছিল পাকিস্তানের শিয়ালকোট। মহাভারতের যুগে মদ্রদেশের রাজধানীও ছিল সেখানে। শোনা যায় মিনান্দারের মতো জ্ঞানী ও পরাক্রমশালী রাজা খুব কম ছিলেন। গান্ধার অঞ্চল তিনি অধিকার করেন। রাজস্থান থেকে শুরু করে বিহারের পাটলিপুত্রেও তিনি অভিযান চালান। বৌদ্ধ সন্ন্যাসী নাগসেনের সঙ্গে দীর্ঘ আলোচনার পর মিনান্দার বুদ্ধের পথ অনুসরণ করেন।

দুই সংস্কৃতির মিলনের ফলে গান্ধার শিল্পশৈলী উদ্ভবের সম্ভাবনা সৃষ্টি হয়। গ্রিকদের বৌদ্ধধর্মের প্রতি অনুরাগ ও শৈল্পিক দক্ষতায় গড়ে ওঠে নিখুঁত বুদ্ধমূর্তি। খ্রিস্টপূর্ব ১৩২ সালে ইউচি উপজাতির মানুষেরা ব্যাকট্রিয়ায় বসবাস শুরু করেন। এরা এসেছিলেন চিনের গানসু প্রদেশ থেকে। পরবর্তীকালে এদেরই একটি শাখা কুষান সাম্রাজ্য স্থাপন করেন। সেই সাম্রাজ্যের বিস্তার ছিল উজবেকিস্তান, আফগানিস্তান, পাকিস্তান ও উত্তর

ভারতে। বারানসী ও পাটনাতেও ছিল তাদের আধিপত্য। কুষান সাম্রাজ্যের প্রতিষ্ঠাতা কুজুল কদফিস ছিলেন শিবের উপাসক। পরে তাঁর বংশধর কনিষ্ক বৌদ্ধধর্মে আকৃষ্ট হন। কাশ্মীরে তিনি ৪র্থ বৌদ্ধধর্ম সম্মেলনের আয়োজন করেন। সেখানে উপস্থিত ছিলেন বৌদ্ধ সন্ন্যাসী বসুমিত্র ও কনিষ্কের ধর্মগুরু অশ্বঘোষ। পেশোয়ারের কাছে সাজি-কি-ধেরিতে তৈরি হয় কনিষ্ক স্তুপ। হিউয়েন সাঙ সম্ভবত সেটি দেখেছিলেন।

কনিষ্কের রাজত্বকালে গান্ধার শিল্পের প্রসার ঘটে। গান্ধার শিল্পের পীঠস্থান ছিল বামিয়ান, বেগরাম, তক্ষশীলা ও পেশোয়ার। শিল্পকর্মে ফুটে ওঠে বুদ্ধমূর্তি ছাড়াও তাঁর জীবনের নানা ঘটনার দৃশ্য। বুদ্ধমূর্তির মুখ যেন অনেকটা গ্রিক দেবতা অ্যাপোলোর মত। পোষাকে রোম সংস্কৃতির ছাপ। মাথায় ঢেউ খেলানো চুলে বুদ্ধ হয়ে ওঠেন আকর্ষণীয়। এছাড়াও বুদ্ধের ঠোঁটের গড়ন, লম্বা কান, মাথার পেছনে আলোর জ্যোতি ইত্যাদি মূর্তিতে যোগ করে এক অন্য মাত্রা। কাশ্মীর ও হিমাচল প্রদেশে এই শিল্পরীতির প্রভাব লক্ষ্য করা যায়। কুষান যুগে মথুরা শিল্পশৈলিরও অনেক নিদর্শন সৃষ্টি হয়েছিল। এই ক্ষেত্রে বিভিন্ন দেবদেবী ও বুদ্ধমূর্তিতে কোনো বিদেশী প্রভাব দেখা যায় না। মথুরার শিল্পকর্মে ব্যবহার করা হত লাল রঙের বেলেপাথর।

হিউয়েন সাঙ-য়ের বর্ণনা থেকে জানা যায় বামিয়ানে সেই বুদ্ধমূর্তিগুলোর গায়ে ছিল সোনা ও বহুমূল্যবান অনেক রত্ন। সেইসময় প্রতিটি মূর্তির প্রকোষ্ঠের ছাদ ও দেয়ালে ছিল নানারকম ছবি। নির্জনে ধ্যান করার জন্য পাহাড় জুড়ে তৈরি করা হয় অসংখ্য গুহা। সেগুলোর দেয়ালেও ছিল ফ্রেসকো অথবা সেকোর সমারোহ। ফ্রেসকো আঁকা হয় ভেজা তলদেশে, রং যাতে দেয়ালের সঙ্গে অবিচ্ছেদ্য সম্পর্ক স্থাপন করে। শুকনো দেয়ালে ছবি আঁকার পদ্ধতির নাম সেকো। এই ক্ষেত্রে রঙে মেশানো হয় আঠা। পরীক্ষা করে দেখা গেছে বামিয়ানের অনেক গুহাচিত্র আঁকা হয়েছিল তেলরঙ দিয়ে।

বামিয়ান বুদ্ধমূর্তিদুটি গান্ধার শিল্পের নিদর্শন। মূর্তির গায়ে সূক্ষ্ম কাজ ফুটিয়ে তোলা হয় কাদা, খড় ও আরো নানারকম পদার্থের সাহায্যে। সবশেষে দেওয়া হয় স্টাকোর প্রলেপ। স্টাকো আসলে চুন, বালি ও জলের মিশ্রণ। কখনো তাতে আঠা ও বালির পরিবর্তে ব্যবহার করা হয় পাথরের গুঁড়ো। শুকানোর পর স্টাকো পাথরের মত শক্ত হয়ে যায়। পাহাড়ের গায়ে সারি সারি গুহা, একটার পর একটা, অনেকটা ব্যালকনিযুক্ত বহুতল বাড়ির মত।

সিঁড়ি বেয়ে যাওয়া যায় প্রতিটি প্রকোষ্ঠের ভেতরে থাকা বুদ্ধমূর্তির মুখের কাছে। আলেকজান্ডার বার্নেস প্রকোষ্ঠগুলোতে বেশিরভাগ ছবিই দেখতে পাননি। একমাত্র উপরদিকের কয়েকটি ছাড়া। সংস্কারের পর গুহা ও বুদ্ধমূর্তির প্রকোষ্ঠগুলোর বেশকিছু দেয়ালচিত্র ফিরে পাওয়া সম্ভব হয়েছিল। এই ব্যাপারে ভারতীয় পুরাতাত্ত্বিক সর্বেক্ষণের ভূমিকা নিঃসন্দেহে প্রশংসনীয়। বামিয়ানের দেয়ালচিত্রগুলোর মধ্যে দেখা যায় সূর্যদেবতা, বুদ্ধ, বিভিন্ন দেবদেবীসহ দৈত্য, বোধিসত্ব, অপার্থিব সত্তা, নারীপুরুষ প্রভৃতির উপস্থিতি।

শিল্প আসলে বিশ্বাসের অভিব্যক্তি। শিল্পকে ব্যবহার করা হয় শেখানোর কাজে। কখনো তা লাগে মনসংযোগের প্রয়োজনে। এই ব্যাপারে প্রথমেই মনে আসে মন্ডলের কথা। এটির অর্থ বৃত্ত। মন্ডলে থাকে অনেক চিহ্ন। একেকটির একেক মানে। চক্র আসলে ধর্মের প্রতীক। ঘন্টার মাধ্যমে বোঝানোর হয় উদারতা। ত্রিভুজ ও সূর্য যথাক্রমে সৃষ্টি ও শক্তি। পদ্মফুল আর দিব্যজ্ঞানে প্রভেদ নেই কোন। মূর্তি ধ্বংস মানুষের সতঃস্ফূর্ত বিশ্বাসকে সরাসরি আঘাত করার একটি জ্বলন্ত উদাহরণ। যতদূর জানা যায় বামিয়ানের বুদ্ধমূর্তিদুটি তৈরি হয়েছিল খ্রিস্টিয় ৫ম শতাব্দীর মধ্যে। ২০০১ সালে আফগানিস্তানে তালিবান শাসনকালে নির্দ্বিধায় গুঁড়িয়ে দেওয়া হল প্রাচীনকালের সেই অনন্য সৃষ্টিদুটিকে।

আফগানিস্তানের একটি ভৌগোলিক অঞ্চলের নাম হাজারিস্তান। সেখানে আছে বামিয়ান, ঘোর ও দেকুন্ডি প্রদেশসহ আরো কয়েকটি প্রদেশের অংশ। হাজারাস্তানের অধিবাসীদের বলা হয় হাজারা। চৌকো মুখ, ছোট ছোট চোখ, দেখতে অনেকটা চীনাদের মতো। পরবর্তীকালে এরা শিয়া ধর্ম গ্রহণ করেন। আলেকজান্ডার বার্নেস তাঁর বইতে হাজারাদের কথা লিখেছেন। এদের জীবিকা চাষবাস, অনেকে সেনা বাহিনীতেও যোগ দেন। তারা যে সৎ লেখক সেটা বুঝতে পেরেছিলেন।

কামানের গোলায় বামিয়ানের বুদ্ধমূর্তিদুটির কিছুই হয়নি। পাহাড়ের গা থেকে বেরিয়ে আসা শিল্পকে উড়িয়ে দেওয়া কি অতই সহজ! অবশেষে মূর্তিগুলোতে বারুদ ঠেসে সেই কাজটি করা হল। তারপর খাওয়া দাওয়া, নাচ গান আর বিজয়োল্লাস। অনেকদিন ধরে চলেছিল সেই ধ্বংস যজ্ঞ। সেই অনৈতিক কাজে বাধ্য করা হয়েছিল হাজারাদের। অনুতাপে অনেকে সেই জায়গা ছেড়ে অন্য কোথাও চলে যাবার কথা ভাবেন।

গান্ধার অঞ্চলে শিল্পের উপর আঘাত অতীতেও হয়েছিল বহুবার। শোনা যায় খ্রিস্টিয় ৩য় শতাব্দীতে সাসানীয়দের আক্রমণে ব্যাকট্রিয়া ও গান্ধার কুষানদের হাতছাড়া হওয়ার পর আফগানিস্তানে অনেক বৌদ্ধ স্তুপ ধ্বংস হয়। চতুর্থ শতাব্দীতে সাদা হুনরা ব্যাকট্রিয়া দখল করেন। এদের সমাজে ছিল মেয়েদের আধিপত্য, অনেকে একাধিক বিয়ে করতেন। সাদা হুনদের শেষ রাজা তোরমানপুত্র মিহিরকুলের রাজধানী ছিল শিয়ালকোট। গান্ধার অঞ্চলে অনেক বৌদ্ধশিল্প ধ্বংসের জন্য তাঁকেও দায়ী করা হয়।

১৮ শতাব্দীতে কামানের গোলা ছুঁড়ে বামিয়ানের বুদ্ধমূর্তিদুটি নষ্ট করতে চেয়েছিলেন পারস্যের নাদির শাহ। উনবিংশ শতাব্দীর শেষদিকে বড় মূর্তিটির মুখ ও হাত পা ভাঙেন আফগানিস্তানের প্রধান আবদুর রহমান খান। হাজারাদের উপর অত্যাচারও তিনি কম করেননি। খ্রিস্টিয় ১২ শতাব্দীতে ভারতবর্ষে বাংলা ও বিহারের শাসক ইখতিয়ার উদ্দিন মহম্মদ বিন বখতিয়ার খিলজি নালন্দা, বিক্রমশীলা ও ওদন্তপুরী বৌদ্ধ স্থাপত্যের অনেক ক্ষতিসাধন করেন।

ধর্ম সহিষ্ণুতার নজির দেখা যায় পৃথিবীর বহু দেশে। সৌদি আরব, সংযুক্ত আরব আমিরশাহী বামিয়ানের বুদ্ধমূর্তি ধ্বংসের ঘটনাকে বর্বরোচিত আখ্যা দিয়েছেন। জাপানের শিল্পপ্রেমী মানুষেরা চেয়েছিলেন ধ্বংস না করে মূর্তিগুলোকে ঢেকে রাখা হোক। সেই অনুরোধ কেউ রাখেনি। ভাবতে অবাক লাগে এমন সুন্দর শিল্পকর্মের অস্তিত্ব এত সহজে মুছে ফেলার কথা কি করে কারো মনে আসতে পারে! সত্যি বলতে কি বুদ্ধের সেই মূর্তিদুটিই ছিল বামিয়ানের পরিচয়। সেটুকু হারানোর পর আজ সেখানে শুধু অভাব ও হতাশার ছায়া। পর্যটনের প্রসার ঘটিয়ে অবস্থার পরিবর্তনের উদ্দেশ্যে শুরু হয়েছিল টুকরোগুলো জুড়ে ছোট বুদ্ধমূর্তিটি পুনর্নির্মানের চেষ্টা। অনুমানের সাহায্যে কোনো কিছু করা ঠিক নয়। ইউনেস্কোর সিদ্ধান্ত অনুযায়ী তাই বন্ধ হয় কাজ।

২০১৫ সালে বড় বুদ্ধমূর্তির প্রকোষ্ঠে উচ্চ ক্ষমতাসম্পন্ন প্রজেক্টারের সাহায্যে আলো নিক্ষেপ করা হয়েছিল একবার। মনে হল কোনো অলৌকিক ঘটনায় নতুন রূপে দেখা দিলেন বুদ্ধ। আবার তিনি নেই। উঁচু পাহাড়ের গায়ে ফাঁকা প্রকোষ্ঠদুটি এখন বুদ্ধের প্রতীক ও ধ্বংসের স্মারক। একইসঙ্গে সেখানে শুধুই শূন্যতা... বুদ্ধের উপলব্ধি। শুধু তাই নয়, ইউনেস্কোর ওয়ার্ল্ড হেরিটেজ লিস্টে বিপদের মুখে দাঁড়িয়ে থাকা

জায়গাগুলোর মধ্যে আরো একটি নাম - বামিয়ান। এই মুহূর্তে প্রয়োজন ভবিষ্যত প্রজন্মের জন্য পৃথিবীর বিভিন্ন প্রান্তে ছড়িয়ে থাকা সাংস্কৃতিক ঐতিহ্যগুলোর উপযুক্ত সংরক্ষণ। আশার কথা বামিয়ানে বুদ্ধমূর্তির প্রকোষ্ঠগুলোর আর যাতে কোন ক্ষতি না হয় তারজন্য উপযুক্ত ব্যবস্থা নেওয়ার কাজ ইতিমধ্যেই শুরু হয়েছে।

সলোমনের রত্নভাণ্ডার

ডেভিডের মৃত্যুর পর ইসরাইলের সিংহাসনে বসলেন তাঁর ছেলে সলোমন। রাজা সলোমনের রত্নভান্ডারের গল্প জানেন না এমন মানুষ মনে হয় খুব কমই আছেন। একসময় মধ্য প্রাচ্যের একটি অঞ্চলকে বলা হত লেভান্ট, সেটির দক্ষিন অংশের নাম ছিল কানান। অনেকে মনে করেন এখন সেই কানান অঞ্চলটির সীমানায় রয়েছে সিরিয়া-লেবাননের দক্ষিণ অংশ, ইসরাইল, প্যালেস্টাইন আর জর্ডন, যদিও এই ব্যাপারে অনেক মতভেদ আছে।

আজ থেকে বহুবছর আগে ইহুদীরা কানান অধিকার করেন, তাদের সেই দুঃসাহসিক অভিযানের কথা জানা যায় হিব্রু বাইবেল থেকে। ইহুদীদের একমাত্র দেবতা ইয়াওয়ে, তাঁর পরম ভক্ত আব্রাহামের নাতি জেকবের বংশধর ছিলেন ডেভিড। শোনা যায় তুরস্কের হারান শহর থেকে সেকেম আসার পথে জাডক নদীর পাড়ে এক দেবদূতের মুখোমুখি হয়েছিলেন জেকব। সেকেমের অবস্থান এখন প্যালেস্টাইন রাস্ট্রের ওয়েস্ট-ব্যাঙ্ক অঞ্চলে। অনেকক্ষণ যুদ্ধের পর কেউ কাউকে হারাতে পারে না, ইয়াওয়ে জেকবের নাম দিলেন ইসরাইল, তাঁর বংশধররা তাই ইসরাইলি। স্বাভাবিক কারণেই কানানে ইসরাইলিদের স্থাপন করা রাজ্যটির নাম হয় ইসরাইল।

সলোমনের রত্নভাণ্ডার

প্রাচীর ঘেরা পাহাড়ি শহর জিবাস, ছোট্ট একটি রাজ্য, দুর্গও বলা যায় সেটিকে। চারদিকে কড়া পাহারা, রক্ষীদের নজর এড়িয়ে ভেতরে ঢোকার কোনো উপায় নেই। পূর্বদিকে মোরিয়া পাহাড়, নিচে প্রাচীরের বাইরে গিহন স্প্রিং, ওখানকার একমাত্র জলের উৎস। জল কিভাবে শহরে ঢোকে সেটা দেখতে গিয়ে হঠাৎ পাওয়া গেল এক গুপ্ত পথের সন্ধান, তাতেই বাজিমাত! রাতের অন্ধকারে সেই পথে ভেতরে ঢুকে শহরের দরজা খুলে দেয় ডেভিডের এক সহযোদ্ধা, তারপরই অতর্কিত আক্রমণ, জিবাসের রক্ষীরা পরাজিত হয় ইসরাইলিদের কাছে।

১৮৬৭ সালে গিহন স্প্রিংয়ের ভেতর অতীতের জিবাস শহরে ঢোকার একটি খাড়া পথ আবিষ্কার করেন ব্রিটিশ পুরাতত্ত্ববিদ স্যার চার্লস ওয়ারেন, কোনোভাবে জল জমা হত সেখানে, ঠিক যেন কুয়ো, ফলে আরেকটি সুড়ঙ্গের মাধ্যমে সেই কুয়োর কাছাকাছি এসে পাহাড়ের উপর থেকে জল সংগ্রহ করতে শহরবাসীদের কোনো অসুবিধা হত না, কুয়োর মতো সেই খাড়া পথটির নাম দেওয়া হয়েছিল ওয়ারেন স্যাফ্ট।

শোনা যায় সেই জিবাস শহরই ছিল ইসরাইলের রাজধানী জেরুজালেম, শান্তির শহর। ডেভিড সেই জায়গাটি অধিকার করেন খ্রিস্টপূর্ব ১০০০ সালে । সারা জীবন তিনি যুদ্ধই করেছেন। ইদম, মোয়েব, অ্যামন ও আরাম-দামাস্কাসের মতো অনেক রাজ্য তাঁর বশ্যতা স্বীকার করে। ডেভিডের রাজত্বকালে ইসরাইলের সীমানা ইউফ্রেটিসের পশ্চিম পাড়ে টিপসা থেকে দক্ষিণে মিশর পর্যন্ত পৌঁছে যায়।

দেবতার আদেশ শুনে আব্রাহাম নিজের ছেলে আইজাককে মোরিয়া পাহাড়ে বলি দিতে উদ্যত হয়েছিলেন, ডেভিড সেখানেই তাঁদের দেবতার জন্য একটা মন্দির বানানোর কথা ভাবেন। কিন্তু ইয়াওয়ে চান সেই মন্দির তৈরী করবে ডেভিডের ছেলে সলোমন। কি আর করা, মন্দিরটি কিরকম হবে, কোথায় হবে, কিভাবে হবে সেসব সলোমনকে বুঝিয়ে দিলেন ডেভিড, মন্দিরের জন্য অনেক সম্পদের ব্যবস্থাও তিনি করেন।

ডেভিডের বন্ধু ছিলেন ফিনিসীয়দের রাজা হিরাম, তাঁর রাজধানীর নাম টায়ার, জেরুজালেম থেকে দামাস্কাস হয়ে সেই জায়গার দূরত্ব ৪৯২ কিলোমিটার। বাবার কথামতো সলোমন যোগাযোগ করেন হিরামের সঙ্গে। মন্দির বানানোর জন্য তিনি পাঠালেন সেডার কাঠ, ফার কাঠ, সোনা ও

আরো অনেক প্রয়োজনীয় জিনিস। শুধু তাই নয়, হিরামের দৌলতে অনেক দক্ষ কারিগর ও পাথর কাটার শ্রমিক যথাক্রমে টায়ার ও বাইবলোস থেকে জেরুজালেমে এসে পৌঁছান । বিনিময়ে সলোমন হিরামের রাজ্যে পাঠিয়েছিলেন তেল গমের মতো নানা কৃষিজাত দ্রব্য ও সুরা। যথাসময় শুরু হয় মন্দির নির্মাণ, সেই কাজ শেষ হতে সময় লেগেছিল দীর্ঘ ৭ বছর।

মন্দির দেখে ইয়াওয়ে খুশি হন, আগুনের গোলা হয়ে আকাশ থেকে নেমে এসে তিনি অর্ঘ্য গ্রহন করলেন। মন্দিরের উদ্বোধন অনুষ্ঠান চলেছিল ৮ দিন ধরে, দেবতার উদ্দেশ্যে বলি দেওয়া হয় ২২০০০ ষাঁড় ও ১২০০০০ ভেড়া। মন্দির প্রাঙ্গনে বলি দেওয়া প্রাণীদের ঝলসানোর জন্য তৈরি করা হয় একটি বেদী, অন্যদিকে পুরোহিতদের হাত পা ধোওয়ার জন্য ছিল একটি বিশাল জলের পাত্র। এছাড়াও ছিল ছোট ছোট আরো অনেক পাত্র, সেই পাত্রগুলির জল ব্যবহার করা হত পুরোহিতদের প্রয়োজনে ও বলির পর প্রাণী-দেহগুলি ধোয়াধুয়ির কাজে।

পুরাতত্ত্ববিদ ইসরাইল ফিনকেলস্টাইন সলোমনের তৈরি সেই মন্দিরকে একটি ল্যাংবাও স্থাপত্যের সঙ্গে তুলনা করেছেন, এইধরনের মন্দিরের দৈর্ঘ্য প্রস্থের তুলনায় অনেক বড় হয়। সলোমন মন্দিরে তিনটি প্রকোষ্ঠ। প্রথমটি উলাম, দুই স্তম্ভ-বিশিষ্ট এই প্রকোষ্ঠের মধ্য দিয়ে যেতে হয় মন্দিরের দ্বিতীয় প্রকোষ্ঠে, সেটির নাম হেখাল। সেখানে থাকে সাত-শাখার বেশ কয়েকটি বাতিদান, দেবতার কাছে বিশেষভাবে তৈরি করা রুটি নিবেদনের জন্য একটি টেবিল ও ধূপ জ্বালানোর বেদী, ধূপের গন্ধে সৃষ্টি হয় নির্মল পরিবেশ। সবশেষে ডেভির, দেবতার ঘর, বছরে একবার শুধুমাত্র প্রধান পুরোহিত সেই প্রকোষ্ঠে প্রবেশ করতে পারেন। ডেভিরে থাকে ইয়াওয়ের আদেশ লেখা দুটি ফলকসমেত একটি বাক্স (আর্ক অফ কোভেন্যান্ট), এর দুপাশে ডানা ছড়িয়ে বসে দুটি সোনায় মোড়া পাখি (চেরুবিম)। মন্দিরের ভেতরে মেঝে, ছাদ, দেয়াল ও দরজা-সহ সব জিনিস সোনার পাতে মোড়া। সলোমন-মন্দিরের মেঝে ও দেয়ালেই ব্যবহার করা হয়েছিল ১৮১৪৩ কিলো সোনা।

মন্দিরের পাশে সলোমনের বিশাল প্রাসাদ, সেটি তৈরি হতে সময় লেগেছিল আরো ১৩ বছর। রাজার ছিল ৭০০ স্ত্রী ও ৩০০ রক্ষিতা, প্রতিবেশী রাজ্যগুলির সঙ্গে সম্পর্ক ভাল রাখতেই রাজা সলোমন অতগুলি বিয়ে করেন, হিরামের এক মেয়েও তাঁর স্ত্রী। সলোমনের উত্তরাধিকারী

রিহবোমের মা ছিলেন অ্যামনের রাজা হেনানের মেয়ে নামা, অ্যামন রাজ্যটি ছিল মোয়েব রাজ্যের উত্তরে। রাজপ্রাসাদ নির্মাণের আগে সলোমন বিয়ে করেছিলেন মিশরের ২১তম বংশের ফ্যারাও সিয়ামুনের এক মেয়েকে, অনেকে বলেন সলোমন তাঁর সেই মিশরীয় স্ত্রীর জন্য একটি আলাদা প্রাসাদও বানিয়ে দিয়েছিলেন।

মিশরের সঙ্গে সলোমনের একটা বানিজ্যিক সম্পর্ক ছিল, তাঁর লোকেরা সেইদেশ থেকে ঘোড়া ও রথ কিনে বিভিন্ন রাজ্যের রাজাদের কাছে বিক্রি করত। জেরুজালেমে সলোমনের আস্তাবলে আরবের ঘোড়ার প্রজনন ঘটান হত। ঘোড়া কেনা হত কিউ রাজ্য থেকেও, তুরস্কের আদানা শহরটি ছিল সেই সময়কার কিউ রাজ্যের রাজধানী। মিশরে কিউয়ের ঘোড়ার খুব চাহিদা ছিল। অন্যদিকে আরব ও মিশরের ঘোড়া কেনার জন্য হিটটাইট ও আরামিন রাজাদের উৎসাহও কম ছিল না। ঘোড়ার ব্যবসায় সলোমনের অনেক আয় হত।

হিটটাইটরা ছিলেন অ্যানাটোলিয়ার অধিবাসী। তাদের কয়েকটি রাজ্যের নাম কুসারা, কানেশ ও হাটুসা। লোহা দিয়ে বর্ম ও নানারকম অস্ত্র শস্ত্র তৈরির কৌশল তারা জানতেন। তুরস্কের কৃষ্ণসাগর অঞ্চলের কোরাম প্রদেশে হাটুসা রাজ্যের ধ্বংসাবশেষের সন্ধান পাওয়া গেছে। একসময় সলোমনের মা বাথসেবা ছিলেন ডেভিডের এক হিটটাইট সেনাপতি উরিয়ার স্ত্রী।

দক্ষিণ পূর্ব তুরস্ক, সিরিয়ার অধিকাংশ আর লেবানন ও ইরাকের কিছুটা করে অংশ নিয়ে গঠিত হয়েছিল আরাম অঞ্চল। অনেক রাজ্য ছিল সেখানে, সেগুলোর মধ্যে উল্লেখযোগ্য একটি রাজ্য আরাম-দামাস্কাস। অ্যামনের উত্তরে সেই রাজ্যটির রাজধানী ছিল দামাস্কাস। ডেভিডের রাজত্বকালে আরাম-দামাস্কাস ইসরাইলের অধিকারে আসে। জেরুজালেম থেকে দামাস্কাস হয়ে সহজেই যাওয়া যায় তুরস্কের কোরাম শহরে।

জেরুজালেম থেকে মাত্র ৩৯ কিলোমিটার দূরে গিজার। ফ্যারাও সিয়ামুন মিশর ও সিরিয়ার সংযোগকারী সেই জায়গাটি দখল করে সলোমনকে দিয়েছিলেন। সিয়ামুনের রাজ্যের রাজধানী টেনিস থেকে গিজারের দূরত্ব ৭৯৪ কিলোমিটার। মাঝে ট্যাবা ও এইলাট, জায়গাদুটি যথাক্রমে মিশর ও ইসরাইলে। সলোমনের আমলে ইসরাইলের উপর দিয়ে আরব ও আফ্রিকা

থেকে মেসোপটেমিয়া যাওয়া যেত। সেইসময় একাধিক গুরুত্বপূর্ণ বানিজ্য পথ তাঁর নিয়ন্ত্রণে ছিল, বিভিন্ন দেশের বনিকদের কাছ থেকে তিনি কর আদায় করতেন। তাদের নিরাপত্তার জন্য সলোমন জেরুজালেম ছাড়াও গিজার, মেগিডো ও হাজর শহরে অশ্বারোহী সেনা মোতায়েন করেছিলেন। সলোমনের সেনাবাহিনীতে ছিল ১২০০০ ঘোড়া ও ১৪০০ রথ।

ফিনিসীয়রা ছিলেন দক্ষ নাবিক, বড় বড় জাহাজ নিয়ে বানিজ্য করতে তারা পাড়ি দিতেন দূর দূরান্তে, ভুমধ্যসাগরের অনেক জায়গায় গড়ে ওঠে তাদের বানিজ্য কেন্দ্র ও উপনিবেশ, ভুমধ্যসাগর পেরিয়ে আটলান্টিকেও চলে যেত তাদের জাহাজ, লেবাননের টায়ার ও সাইডন ছিল ফিনিসীয়দের দুটি গুরুত্বপূর্ণ বন্দর। হিরামের সাহায্যে সলোমন তৈরি করেন অনেক বানিজ্য-জাহাজ, সেগুলি বানানো হয়েছিল অ্যাকোয়াবা উপসাগরের পাড়ে এজিয়ন-জেবার নামে একজায়গায়, সেই জাহাজগুলি অভিযানে বেরিয়ে তিন বছর বাদে ওফির থেকে প্রচুর পরিমাণে সোনা নিয়ে দেশে ফিরে আসত, ওফির যে ঠিক কোথায় তা এখনো অজানা।

সম্ভবত লোহিত সাগর পেরিয়ে সলোমনের জাহাজ এসেছিল ভারতের পশ্চিম উপকূলে, সেখান থেকে সোনা, চন্দন কাঠ, ময়ূর, বাঁদর, হাতির দাঁত ইত্যাদি সংগ্রহ করতে। কেউ আবার শ্রীলঙ্কাকেও ওফির ভেবে বসেন, ভারতের মতো ওখানেও পাওয়া যায় সোনাসহ সলোমনের পছন্দের জিনিসগুলো। এখনো প্রচুর সোনা রয়েছে দক্ষিণ আফ্রিকার জোহানেসবার্গ শহরের খনিতে, অনেকে মনে করেন সলোমন সেখান থেকেও সোনা আনিয়েছিলেন।

এরপর পক্ প্রণালীর মধ্য দিয়ে ভারত মহাসাগরে ভেসে ভেসে দক্ষিণ পূর্ব এশিয়া, মলাক্কা প্রণালী, মালয়েশিয়া, ইন্দোনেশিয়া, পাপুয়া নিউ গিনির পাশ দিয়ে সোজা সলোমন সাগর। সেখানে প্রায় ১০০০ দ্বীপ নিয়ে একটি দেশ সলোমন আইল্যান্ডস, ১৫৬৮ সালে সেই দেশ আবিষ্কার করেন স্পেনের অভিযাত্রী আলভারো ডি মেনডানা। সলোমন আইল্যান্ডসের সবচেয়ে বড় দ্বীপ গুয়াদালক্যানাল, সেখানে মাতানিকো নদীতে তিনি সোনার সন্ধান পান। ভাবতে আর দোষ কি, আনন্দে আত্মহারা হয়ে মেনডানা রটালেন সলোমনের সোনার খনি সেখানেই। তারপর থেকেই শুরু হয় সোনার খোঁজ। বর্তমানে সেইদেশের রাজধানী হোনিয়ারার কাছে রয়েছে গোল্ড রিজ স্বর্ণ খনি, তবে সেখানে সোনার পরিমাণ খুবই কম।

সলোমনের রত্নভাণ্ডার

ফিলিপাইন সাগরে ৭১০০ দ্বীপ নিয়ে একটি দেশ, সেটির নামও ফিলিপাইন, সেইদেশে লুজন ও মিন্ডানাও দ্বীপে সোনা পাওয়া যায়। ফিনিসীয়দের সাথে সলোমনের জাহাজ হয়তো পৌঁছে গিয়েছিল সেদেশেও।

১৯৩৬ সাল থেকে সৌদি আরবে নতুন করে সোনার অনুসন্ধান শুরু হয়, পাওয়া যায় অনেক ঐতিহাসিক খনির খোঁজ, সেগুলোর মধ্যে উল্লেখযোগ্য একটি সোনার খনি রয়েছে মক্কা ও মদিনার মাঝে, জায়গাটির নাম মাদ-আধ-ধাহাব, শোনা যায় সলোমনের লোকেরা সেখান থেকে সংগ্রহ করেছিলেন ৩০৮৪৪ কিলো সোনা। কেউ কেউ বলেন সৌদি আরবের সেই খনির মালিক ছিলেন সলোমন।

খ্রিস্টিয় ১৯৩৪ সালে আমেরিকার পুরাতত্ত্ববিদ নেলসন গ্লিক দাবি করেন তিনি জর্ডনের আরাবা উপত্যকায় সলোমন যুগের বেশকিছু তামার খনির সন্ধান পেয়েছেন। সেই সময় অনেকেই তাঁর কথা বিশ্বাস করেননি, পরবর্তীকালে বর্তমান ইসরাইলের টিমনা উপত্যকায় সেই যুগের একাধিক তামার খনির সন্ধান পাওয়া যায়। জেরুজালেম থেকে জায়গাটির দূরত্ব প্রায় ২৯৩ কিলোমিটার, সম্ভবত সেখানকার তামা ব্যবহার করা হয়েছিল বাসনপত্র ও সলোমন-মন্দির নির্মাণে। বিশেষজ্ঞদের ধারণা সলোমনের রাজত্বকালে তামা ছিল একটি উল্লেখযোগ্য বিনিময় মাধ্যম।

মনিমুক্তাখচিত, সোনায় মোড়া সিংহাসন ছিল সলোমনের, ছয়টি সিঁড়ি বেয়ে উঠতে হত সেটায়। সিঁড়ির দুই ধারে সিংহ, হাতলযুক্ত বসার জায়গার দুই পাশেও পাওয়া যায় সিংহের দেখা। সেই সিংহাসনে বসে তিনি বিচার করতেন, তাঁর বিচারের ক্ষমতাও ছিল অসাধারণ। একবার দুই মহিলা একটি শিশুর উপর অধিকার দাবী করে সলোমনের কাছে আসেন, রাজা সেই শিশুটিকে দুই ভাগ করে দুজনকে দিতে বললেন, তিনি জানতেন শিশুটির মা কখনোই সেটা চাইবেন না।

রাজা হওয়ার পর সলোমন ইয়াওয়ের দেখা পেয়েছিলেন, দেবতা সলোমনের প্রয়োজনের কথা জানতে চান। প্রজাদের মন বুঝতে দেবতার কাছে তিনি জ্ঞান প্রার্থনা করেন, আর তা পেয়েওছিলেন। শোনা যায় সলোমনের মতো জ্ঞানী পৃথিবীতে আর কেউ নেই, তাঁর জ্ঞানের ছোঁয়া পেতে একবার অনেক উপহার নিয়ে জেরুজালেম এসেছিলেন শিবা রাজ্যের রানী। ঐতিহাসিকদের মতে সেই রাজ্যটি ছিল দক্ষিন আরব

উপদ্বীপের ইয়েমেনে, আবার কেউ কেউ মনে করেন রাণীর দেশ ইথিওপিয়ায়। একদিন রাণী জানতে চান - কোন সাতে সমস্যা, কোন নয়ে প্রবেশ, কোন দুই পান করায়, কোন এক পান করে ? সলোমনের উত্তর তৈরিই ছিল - ৭ দিনের মাসিক কাল, ৯ মাস মাতৃগর্ভে, পান করায় ২ মাতৃস্তন, আর পান করে ১ টি শিশু । আরেকদিন রাণী সলোমনকে একইরকম অনেক শিশুদের মধ্য থেকে ছেলে ও মেয়েদের আলাদা করতে বলেন। তাঁর কাছে সেটা কি আর কঠিন ব্যাপার, ওদের সামনে নানারকম খাবার ছড়ানোর ব্যবস্থা করলেন সলোমন । ছেলেরা সেইসব খাবার পোষাকের ভেতর রাখতে শুরু করে, মেয়েরা লজ্জায় সেটা পারে না । জেরুজালেমে রাণী ৬ মাস ছিলেন, সলোমনের অনেক কাছাকাছি আসার ফলে মেনেলিক (১ম) নামে তাঁর একটি ছেলে হয়।

বুদ্ধির জোরে প্রচুর ধনসম্পদ করেন সলোমন, প্রজাদের উপরেও চাপিয়েছিলেন নানারকম কর । কৃষিজাত ও প্রাণীজ পন্যসামগ্রীর উপর করের হার ছিল ১০ শতাংশ, প্রত্যেক প্রাপ্তবয়স্ক নাগরিককে একটা নির্দিষ্ট হারে কর দিতে হত, কর হিসাবে আদায় করা অর্থ-সম্পদ নির্মান-মন্দির ও প্রাসাদ সংক্রান্ত খরচ মেটানোর কাজে লাগত। শোনা যায় তাঁর রাজকোষেই ছিল ৪৫৩৫৯২ কিলো সোনা !

স্ত্রীদের খুশি রাখতে সলোমন একসময় ইসরাইলে অন্যান্য দেবতাদের মন্দিরও তৈরি করেন, ফলে অসন্তুষ্ট হন ইয়াওয়ে। মৃত্যুর পর দুটুকরো হয়েছিল সলোমনের রাজ্য, সেটির উত্তর ও দক্ষিণ অংশের নাম হয় যথাক্রমে ইসরাইল ও জুডা। খ্রিস্টপূর্ব আনুমানিক ৯২৬ সালে রিহবোমের রাজত্বকালে জুডা রাজ্যে হানা দেন ফ্যারাও শিশাক, সলোমনের মন্দির ও রাজপ্রাসাদ থেকে তখন অনেক মূল্যবান সামগ্রী লুট হয়ে যায় । পরবর্তীকালে নতুন ব্যাবিলন সাম্রাজ্যের সম্রাট দ্বিতীয় নেবুকাডনেজার জুডা আক্রমণ করলে সলোমন-মন্দির পুরোপুরি ধ্বংস হয়ে যায়, কোনোকিছুই আজ আর অবশিষ্ট নেই।

সলোমন যেই সিংহাসনে বসতেন সেটি এখন কোথায় কে জানে, শোনা যায় পারস্যের সম্রাট দারিয়াসের ছেলে জারেক্সজেস সলোমনের সেই সিংহাসনে বসতেন। অনেকের ধারনা সলোমন তাঁর বিপুল সম্পদ অন্য কোথাও লুকিয়ে রেখেছেন, ১৮৮৫ সালে প্রকাশিত হয় ব্রিটিশ লেখক হেনরি রাইডার হ্যাগার্ডের একটি উপন্যাস 'কিং সলোমন'স মাইনস' ।

সলোমনের রত্নভাণ্ডার

নিছকই একটি রোমাঞ্চকর গল্প, সেখানে সলোমনের আসল গুপ্তধনের কোনো হদিস নেই। অনেকসময় মনে হয় অত সম্পদ রাজার আদৌ ছিল কি, না সবই কল্পনা। তবে কল্পনার জগতে বিচরণ করতে খারাপ লাগে না, সেই গুপ্তধনের অনুসন্ধান তাই আজও চলছে।

জীবনের শেষ প্রান্তে এসে সলোমন বুঝেছিলেন উন্নতি, আনন্দ, সম্পদ, গুরুত্ব ও কিছু একটা হওয়ার প্রচেষ্টা সবই ধোঁয়ার মতো। কোনোকিছু চিরস্থায়ী নয়। জ্ঞান অবিনশ্বর, দানে তা বৃদ্ধি পায়। জ্ঞানের সাহায্যে সহজেই জোগাড় করা যায় বেঁচে থাকার রসদ, যতটুকু দরকার। শিবার রাণীর মতো অনেকেই সলোমনের সান্নিধ্যে এসে লাভ করেছিলেন তাঁর সেই অগাধ ঐশ্বর্যের ছিটেফোঁটা। সেসব আজও অমূল্য রত্ন হয়ে জমে আছে অনেক মানুষের মনের গভীরে। রাজা সলোমনের রত্নভাণ্ডার হয়তো সেখানেই।

উত্তর মেরু অভিযান

সুমেরু মহাসাগরে পৃথিবীর সবচেয়ে উত্তরের জায়গাটির নাম উত্তর মেরু যেখানে ৬ মাস দিন ও ৬ মাস রাত। গরমকালেও সেখানকার তাপমাত্রা থাকে শূন্য (হিমাংক) থেকে ৪.৫ ডিগ্রি সেলসিয়াস। অন্যদিকে দক্ষিন মেরু বা এনটার্কটিকায় সেইসময় তাপমাত্রা মাইনাস ২৮.২ ডিগ্রি সেলসিয়াসে পৌঁছে যায়।

শোনা যায় উত্তর মেরুতে প্রথম পৌঁছান রবার্ট এডউইন পিয়ারী। তিনি ছিলেন আমেরিকার নাগরিক। সেই অভিযানে পিয়ারীর সঙ্গে ছিলেন ম্যাথিউ হেনসন ও ৪ জন ইনুইট। ইনুইটরা কানাডা, আলাস্কা, গ্রীনল্যান্ড ও রাশিয়ার সুমেরু অঞ্চলের আদিবাসী। পিয়ারীর অভিযান শুরু হয়েছিল ১৯০৯ সালে ফেব্রুয়ারির ২৮ তারিখে কেপ কলম্বিয়া থেকে। জায়গাটির অবস্থান কানাডার এলিসমেয়ার দ্বীপে নুনাভুত এলাকার কিকিকতালুক অঞ্চলে। পরদিনই প্রথম আলো আঁধারি ক্ষেত্র পেরিয়ে দিগন্তে উঁকি দিয়েছে বসন্তের সূর্য। এপ্রিলের ৬ তারিখ থেকে সে আর অস্ত যাবে না। আকাশে সূর্যের ঘোরাঘুরি চলবে সেপ্টেম্বরের ৭ তারিখ পর্যন্ত। তারপর কিছুদিন ওঠানামার পর অক্টোবরের ১৪ তারিখ থেকে গোটা ফেব্রুয়ারী মাসে আর তার দেখা পাওয়া যায় না। সেই নিয়ম এখনো চলছে।

শীতের প্রকোপ কম। বরফের চাদরে মোড়া সমুদ্রে হাঁটা ছাড়া উপায় নেই। তাপমাত্রা বৃদ্ধির সাথে সাথে বরফ ধীরে ধীরে গলতে থাকে। চলতে হবে খুব সাবধানে। যানবাহন বলতে স্লেজ গাড়ি। উত্তর মেরুতে এই গাড়ি টানার জন্য ব্যবহার করা হয় বিভিন্ন প্রজাতির কুকুর। তাদের মধ্যে উল্লেখযোগ্য হল সাইবেরিয়ার হাস্কি, সাময়েড, চিনুক, আলাস্কার মালামিউট, এস্কিমো ইত্যাদি। পুরাতত্ত্ববিদদের মতে আনুমানিক ১০০০ খ্রিস্টাব্দে স্লেজ গাড়ির প্রচলন শুরু হয়েছিল বর্তমান কানাডার উত্তর অংশে।

সুমেরু সাগরে এলিসমেয়ার কানাডা দ্বীপপুঞ্জের ৩য় বৃহত্তম দ্বীপ। সেখান থেকে জনহীন উত্তর মেরুর দূরত্ব প্রায় ১১২৭ কিলোমিটার। মাঝে মাঝে বরফে ফাটল। একটু অসাবধান হলেই হিমশীতল জলে। সামনে কখনো পাহাড়ের মতো বরফের স্তূপ (প্রেসার-রিজ)। তার উপর দিয়ে স্লেজ গাড়ি নিয়ে যাওয়া বেশ সমস্যার ব্যাপার। অনেক কষ্টে পেরোতে হয় সেসব বাঁধা। জোরালো হাওয়ায় বরফের অবস্থান কখন যে কোথায় হবে কেউ জানে না। বিশাল জলরাশি অতিক্রম করতে প্রয়োজনে নৌকোর সাহায্য নিতে হয়। নানারকম শারীরিক সমস্যা তো আছেই। হিমাংকের নিচে তাপমাত্রায় ত্বক অসাড় হয়ে আসে। এছাড়াও দেখা যায় প্রচণ্ড কাঁপুনি, শ্বাসকষ্ট, রক্তচাপ হ্রাস ও আরো নানা উপসর্গ। এই অবস্থায় প্রানহানির যথেষ্ট সম্ভাবনা থাকে। একদিনে যতটা সম্ভব পথ অতিক্রম করার পর তাঁবুতে বিশ্রাম। কখনো রান্না করে খাওয়া। খাবার ফুরিয়ে গেলে রসদ সংগ্রহ করাও বেশ চাপের। তার উপর হিংস্র প্রাণীদের উপস্থিতি পরিস্থিতিকে আরো জটিল করে তোলে। ভাগ্যিস সেখানকার মেরু ভালুকের সঙ্গে তাঁদের দেখা হয়নি ! অবশেষে গন্তব্য।

অনেকের মতে পিয়ারী উত্তর মেরুর ১০০ কিলোমিটার দূর থেকেই ফিরে এসেছিলেন। এখন সুমেরু বৃত্তে অবস্থিত অনেক জায়গা থেকে উত্তর মেরুতে যাওয়া খুব সহজ। হেলিকপ্টারে ফিনল্যান্ডের হেলসিঙ্কি থেকে রাশিয়ার মারমান্সক। সেখান থেকে জাহাজে উত্তর মেরুর দূরত্ব ২৩৪০ কিলোমিটারের সামান্য বেশি। জাহাজে সরাসরি উত্তর মেরু যাওয়ার উপযুক্ত সময় জুন থেকে সেপ্টেম্বর। বরফ ভেঙে বিশাল বিশাল জাহাজ এগিয়ে চলে। এইধরনের জাহাজকে বলা হয় আইসব্রেকার। খোলের সাহায্যে বরফের টুকরোগুলো দুদিকে সরিয়ে জাহাজ এগিয়ে যায় সামনের দিকে। কখনো জাহাজের মুখ উঠে যায় বরফের উপর। প্রচন্ড চাপে মুহূর্তের মধ্যে বরফ ভেঙে চৌচির।

বরফ ভাঙতে ব্যবহার করা হয় অত্যাধুনিক প্রযুক্তি। সবচেয়ে শক্তিশালী আইসব্রেকার জাহাজটির নাম ইয়ামাল। জলের নিচ থেকে প্রতি সেকেন্ডে ৮৫০ ঘন ফুট বুদবুদ সৃষ্টি করে এটি বরফ ভাঙে। রাশিয়ার এই জাহাজে আছে ২ টি পারমানবিক রিয়াকটার । হিমশীতল জল ছাড়া রিয়্যাকটারগুলোকে ঠাণ্ডা রাখা যায় না। ক্রান্তীয় অঞ্চলের সমুদ্রে তাই এই জাহাজ চলে না। পৃথিবীর প্রথম পারমাণবিক আইসব্রেকার জাহাজের নাম লেনিন। স্বাভাবিক জলে এর গতি ঘন্টায় ৩৩ কিলোমিটার। শীতকালে ৮.২ ফুট উঁচু বরফের আবরন সরিয়ে এইসব জাহাজ এগিয়ে চলে ঘন্টায় ৫.৬ কিলোমিটার গতিতে। শোনা যায় পারমাণবিক শক্তিচালিত আইসব্রেকার সুমেরুর পরিবেশের উপর কোনো বিরূপ প্রভাব সৃষ্টি করে না। তবে চালাতে হয় খুব সাবধানে যাতে আইসবার্গ বা হিমশৈলের সঙ্গে আইসব্রেকারের কোন সংঘর্ষ না হয়।

সুমেরু মহাসাগরে হিমশৈলের উৎস গ্রীনল্যান্ড । চলমান বিশালাকার বরফের স্তুপ (হিমবাহ) থেকে উৎপন্ন হিমশৈল আসলে জলে ভাসমান বরফের পাহাড়। সুমেরুতে দেখা গেছে এমন একটি হিমশৈলের দৈর্ঘ্য ও প্রস্থ যথাক্রমে ১৩ ও ৬ কিলোমিটার। জলের উপরে এটির উচ্চতা ৬৫ ফুট । বিভিন্ন আকৃতির হিমশৈল দেখা যায় । কোনটি আবার সমতল । গ্রীনল্যান্ডের একটি বিখ্যাত হিমবাহের নাম হেলহাইম গ্লেসিয়ার। হিমশৈল ছাড়াও সমুদ্রের জলে ভাসে বিভিন্ন আকারের সমতল বরফখন্ড ইংরিজিতে যেগুলোকে বলে আইস-ফ্লো। প্রায় গোলাকার এই বরফখন্ডগুলোর ব্যাস ২০ মিটার থেকে ১০ কিলোমিটারেরও বেশি হয়। একসাথে ভাসতে থাকা অনেক আইস-ফ্লো নিয়ে সৃষ্টি হয় প্যাক-আইস। কখনো প্যাক-আইসের মাঝে আটকে পড়ে হিমশৈল। তখন হিমশৈলকে আর আলাদা করে চেনা যায় না। শীতকালে জোরালো হাওয়ায় আইস-ফ্লো গুলোর মধ্যে সংঘর্ষের ফলে প্যাক-আইসে তৈরি হয় খাড়া প্রেসার-রিজ। ভাসমান আইস-ফ্লোতে আশ্রয় নেয় নানারকম প্রাণী। যেমন সীল, ওয়ালরাস, পাফিন ইত্যাদি। তাদের মধ্যে মেরু ভালুকও আছে।

সময় কম থাকলে আকাশপথেও উত্তর মেরু যাওয়া সম্ভব। প্রথমে যেতে হবে নরওয়ের অসলো থেকে স্পিটসবার্গেন দ্বীপের লংইয়ারবিয়েন শহরে। সেখান থেকে আড়াই ঘন্টায় ভাসমান বরফের উপর বার্নিও বেসক্যাম্প। শুধু এপ্রিল মাসেই আসা যায় ৮৯ ডিগ্রি উত্তর অক্ষাংশে অবস্থিত এই বেসক্যাম্পে। তারপর হেলিকপ্টারে মাত্র ২০ থেকে ৪৫ মিনিটের মধ্যে বহু

প্রতীক্ষিত সেই স্বপ্নরাজ্যে। দিনের আলোয় প্রাণভরে উপভোগ করা যায় প্রকৃতির সৌন্দর্য। লংইয়ারবিয়েন থেকে উত্তর মেরুর দূরত্ব ১৩১৬ কিলোমিটার।

লিমার ভ্যানিলার দেশে

এবার যাওয়া যাক মাদাগাস্কার। কেউ বলে গ্রেট রেড-আইল্যান্ড। এটি পৃথিবীর চতুর্থ বৃহত্তম দ্বীপ। আয়তন ৫৮৭০৪১ বর্গ কিলোমিটার। সবচেয়ে বড় দ্বীপের নাম গ্রীনল্যান্ড। তারপরেই যথাক্রমে নিউ গিনি ও ইন্দোনেশিয়ার বোর্ণিও। মালাগাসি ভাষায় মাদাগাস্কারকে বলা হয় মাদাগাসিকারা। ১৫০০ সালে ভারতে আসার সময় পথ হারিয়ে মাদাগাস্কার দ্বীপে এসেছিলেন পর্তুগীজ অভিযাত্রী ক্যাপ্টেন দিয়োগো দিয়াস। তিনি সেই দ্বীপের নাম দেন সেন্ট লরেন্স।

মাদাগাস্কারের অবস্থান আফ্রিকা মহাদেশের দক্ষিণ-পূর্বে। মাঝখানে ৪০০ থেকে ৯৫০ কিলোমিটার চওড়া মোজাম্বিক প্রনালী। মাদাগাস্কারে প্রথম বসবাস শুরু করে বোর্ণিও থেকে আসা মানুষেরা। পরবর্তীকালে আফ্রিকার মানুষও সেখানে আসে। মাদাগাস্কারের ৯৮ শতাংশ মানুষের ভাষা মালাগাসি। এই ভাষায় কথা বলা মানুষদের নিয়ে তৈরি হয়েছে মালাগাসি জনগোষ্ঠী। এদের বেশ কয়েকটি দল বা জনগোষ্ঠীতে ভাগ করা যায়। যেমন মেরিনা, বেটসিলিও, বেটসিমিসারাকা, বরা, সিহানাকা, আন্তানকারানা, মিকিয়া, ভেজো, সাকালাভা ইত্যাদি। মেরিনা জনগোষ্ঠী তাদের মধ্যে প্রধান। মালাগাসি একটি অস্ট্রোনেশিয়ান পরিবারের ভাষা। তাইওয়ান, ফিলিপাইন, ইন্দোনেশিয়া, মালয়েশিয়া, সিঙ্গাপুর ও আরো অনেক দেশের মানুষ এই

পরিবারের ভাষা ব্যবহার করে। মালাগাসি ভাষার সঙ্গে বোর্ণিওর মানিয়ান ভাষার খুব মিল আছে।

মেরিনা শব্দের অর্থ উঁচু জায়গার অধিবাসী। একসময় মধ্য মাদাগাস্কারের মালভূমি অঞ্চলে ছিল এদের রাজ্য আইমেরিনা। ঐতিহাসিকদের মতে ১৫৪০ সালে স্থাপিত সেই রাজ্যের প্রথম রাজা ছিলেন আন্দ্রিয়াম্যানেলো। তারপর কেটে যায় বহুবছর। ১৮১০ সালে রাজা প্রথম রাদামা মাদাগাস্কারের বিস্তীর্ণ অংশে আধিপত্য স্থাপন করেন। একদিন রাজতন্ত্রের অবসান ঘটে। ১৮৯৭ সালে মাদাগাস্কারে স্থাপিত হয় ফরাসি উপনিবেশ। আইমেরিনার সিংহাসনে তখন রানী তৃতীয় রানাভালোনা।

১৯৬০ সালে মাদাগাস্কার একটি স্বাধীন রাষ্ট্রে (মাদাগাস্কার প্রজাতন্ত্র) পরিনত হয়। শুরু থেকেই আইমেরিনা রাজ্যের রাজধানী ছিল আন্টানানারিভো। এখন মাদাগাস্কার প্রজাতন্ত্রের রাজধানীও সেখানে। আন্টানানারিভোয় প্রাচীন রাজপ্রাসাদ চত্বরে দেখা যায় রাদামাসহ আইমেরিনার অনেক রাজা রানীর সমাধি। স্বাধীনতার আগে ১৯৫৮ সালে মাদাগাস্কারে প্রথম স্থাপিত হয়েছিল মালাগাসি প্রজাতন্ত্র। ফামাদিহানা এই দেশের একটি প্রধান উৎসব। এইসময়, প্রতি ৫-৭ বছর পর পর, কবর থেকে তুলে আনা হয় পূর্বপুরুষদের দেহাবশেষ। নতুন কাপড়ে মুড়ে সেসব আবার সমাধিতে রেখে দেওয়াটাই এই উৎসবের রীতি। কোলকাতা থেকে বিমানে আন্টানানারিভো ৬৪০৭ কিলোমিটার।

শোনা যায় একসময় মাদাগাস্কার ভুখন্ড যুক্ত ছিল আফ্রিকা মহাদেশের সঙ্গে। শুধু তাই নয়, ভারতের দক্ষিণ-পশ্চিম অংশে কেরালার সঙ্গেও সরাসরি যোগাযোগ ছিল সেই ভুখন্ডের। আনুমানিক ১৪ কোটি বছর আগে মাদাগাস্কার ভুখন্ডকে নিয়ে ভারত, অ্যান্টার্কটিকা ও অস্ট্রেলিয়ার ভুখন্ড একসাথে আফ্রিকা থেকে আলাদা হয়ে যায়। আরো ৫ কোটি বছর বাদে ভারতীয় ভুখন্ডের সঙ্গে মাদাগাস্কার ভুখন্ডের আর কোন যোগ থাকে না। সৃষ্টি হয় মাদাগাস্কার দ্বীপ। তারপর বিভিন্ন সময়ে ভারত থেকে বিচ্ছিন্ন হয় যথাক্রমে অ্যান্টার্কটিকা ও অস্ট্রেলিয়া। একসময় উপমহাদেশ হয়ে এশিয়া মহাদেশের সাথে যুক্ত হয় ভারতীয় ভুখন্ড। বিজ্ঞানীদের অনুমান মেরিয়ন হট-স্পটের প্রভাবে অগ্ন্যুতপাতের ফলে ভারতীয় ভুখন্ড থেকে মাদাগাস্কার ভুখন্ড আলাদা হয়ে যায়। হট-স্পট আসলে ভুত্বকের নীচে ম্যাগমা স্তরে অতি উচ্চ তাপমাত্রা বিশিষ্ট লাভার স্তম্ভ। দেখতে অনেকটা সুতোয় বাঁধা

বেলুনের মতো। হট-স্পটের সংস্পর্শে আসা ভূত্বকের অংশ সহজেই নীচ থেকে উপরের দিকে গলতে গলতে কমজোরি হয়ে যায়। এর ফলে অগ্ন্যুতপাত ঘটে।

মাদাগাস্কারে আছে ৫টি হলোসিন যুগের আগ্নেয়গিরি। রাজধানীর ৫০ কিলোমিটার দক্ষিণ-পশ্চিমে আংকারাত্রা। জমে যাওয়া লাভার ছোট ছোট টুকরো দিয়ে তৈরি হয়েছে এই আগ্নেয় পর্বতশ্রেণী। অনেক আগ্নেয়গিরির জ্বালামুখে জল জমে সৃষ্টি হয় লেক বা সরোবর। সেরকমই একটি সরোবর বেলাজাও গ্রামের কাছে লেক ট্রিটরিভা। দেখতে অনেকটা মাদাগাস্কার দ্বীপের (মূল ভুখন্ড) মতো। সরোবরটি অ্যান্টসিরাবে থেকে প্রায় ১৭ কিলোমিটার দূরে। অ্যান্টানানারিভো ও অ্যান্টসিরাবের মধ্যে দূরত্ব ১৭১ কিলোমিটার। বিমানেও যাওয়া যায় সেখানে। মাদাগাস্কার মূল ভুখন্ডের উত্তর-পশ্চিম উপকূলের কাছে একটি আগ্নেয়দ্বীপের নাম নোজি-বি।

আগ্নেয়গিরি ছাড়াও এইদেশে আছে উঁচু উঁচু পাহাড়। এখানকার দীর্ঘতম পর্বতশ্রেণী সারাটানানা। সেখানেই দেখা যায় মাদাগাস্কারের উচ্চতম শৃঙ্গ মারোমোকোট্রো। এটির উচ্চতা ৯৪৩৬ ফুট। সারাটানানা অভয়ারন্যের অন্যতম আকর্ষণ কয়েকটি বিপন্ন প্রজাতির ব্যাঙ। অ্যান্টানানারিভো থেকে সড়কপথে ৯১৮ কিলোমিটার পেরিয়ে আসতে হয় এই অভয়ারন্যের কাছে। এদেশের আরো কয়েকটি উল্লেখযোগ্য অভয়ারন্য হল ইসালো, রানোমাফানা, মাসোয়ালা, আন্দাসিবে-মান্তাদিয়া, আন্দ্রিংইত্রা, আন্দোহাহেলা, অ্যাম্বার মাউন্টেন ইত্যাদি। অনেকগুলো বেশ দুর্গম। রানোমাফানা জাতীয় উদ্যানে দেখা যায় মাঝারি আকারের গোল্ডেন ব্যাম্বু-লিমার। মালাগাসি ভাষায় এর নাম বোকোমবোলোমেনা। শোনা যায় এই লিমার খাদ্যে সায়ানাইডজনিত বিষক্রিয়া প্রতিরোধ করতে পারে। অ্যান্টানানারিভোর ডানদিকে ১৪৮ কিলোমিটার দূরে ভাকোনা লিমার আইল্যান্ডে অনেক প্রজাতির ব্যাম্বু-লিমার আছে।

লিমার একধরনের প্রাইমেট। স্তন্যপায়ী এই প্রাণীরা হাত দিয়ে কোনকিছু ধরতে পারে। এদের মুখ প্রায় সমতল। মস্তিষ্ক আয়তনে বেশ বড়। রাতের অন্ধকারে লিমারিডি পরিবারের এই প্রাণীদের দেখতে অনেকটা ভুতের মতো লাগে। লিমার শব্দটি এসেছে ল্যাটিন লেমুরস থেকে। এর অর্থ ভুত। রোমানদের বিশ্বাস মৃতদেহ কবর না দিলে আত্মা রাতের বেলায় ভূত হয়ে জীবিত প্রাণীদের ক্ষতি করে। ভাগ্যিস লিমার ওরকম কিছু করে না! লম্বায়

২.৫ থেকে ৩ ফুটের কাছাকাছি, সবচেয়ে বড় লিমার প্রজাতি ইন্দ্রি দেখা যায় আন্দাসিবে-মান্তাদিয়া জাতীয় উদ্যানে। একজনের সাথে এরা সারাজীবন কাটায়। সাথীহারা হলেই কেবল নতুন সঙ্গী খোঁজে। লরেসিই পরিবারের গাছের পাতা এদের খুব প্রিয়।

লিমার শুধুমাত্র মাদাগাস্কারেই দেখা যায়। প্রাণীটিকে নিয়ে গল্পও কিছু কম নেই। কোন একসময় দুই ভাই বনে থাকত। একদিন এক ভাইয়ের চাষবাস করে জীবন কাটানোর ইচ্ছা হল। বন ছেড়ে তাকে চলে যেতে হবে অন্য জায়গায়। সেই কথা অন্য ভাইকে সে বলে। কিন্তু দেখা যায় দুজনের মত এক নয়। অন্য ভাই বনেই থেকে গেল। অনেকের ধারণা বনবাসী সেই ভাইটি ছিল ইন্দ্রিদের পূর্বপুরুষ। কেউ বলে অনেকদিন আগে বনে শিকার করতে গিয়ে বাবা ও ছেলে আর ফেরেনি। কি করে ওরা যেন ইন্দ্রি হয়ে যায়। সকালে ইন্দ্রিরা আধবোজা চোখে সূর্যের দিকে তাকিয়ে গাছের ডালে বসে থাকে। অনেকে ভাবে এরা সূর্যকে পূজা করছে। মাদাগাস্কারের মানুষের কাছে ইন্দ্রি খুব পবিত্র। ইন্দ্রিদের মতো সব লিমার মোটেই নিরামিষাশী নয়। কেউ কেউ সর্বভুক। মাউস লিমার নিজের ওজনের ১০ গুন ভার বইতে পারে। ইঁদুরের মতো দেখতে এই প্রাণীরা নিশাচর। চিৎকারে হাউলার বাঁদরের সঙ্গে পাল্লা দেয় সাদা-কালো লিমার। কালোমুখো এই প্রজাতির লিমারের গলার কাছে থাকে সাদা পশমের মাফলার বা গলবন্ধ।

প্রাণবৈচিত্রে ভরপুর জাহামেনা জাতীয় উদ্যান। এটির অবস্থান আলাওত্রা সরোবরের কাছে। আন্দ্রিংইত্রা জাতীয় উদ্যানের মধ্য দিয়ে বয়ে যায় জোমান্দাও নদী। মাদাগাস্কারে আরো অনেক নদীর মধ্যে রয়েছে ইকোপা, মান্দ্রারে, বেটসিবোকা ইত্যাদি। মানানানটানানা ও মাতসিয়াত্রা নদী মিলিত হয়ে সৃষ্টি করেছে ৫৬৪ কিলোমিটার দীর্ঘ ম্যানগোকি নদী। এদেশের সবচেয়ে বড় এই নদী মিশেছে মোজাম্বিক প্রনালীর সঙ্গে। তবে এই রাজধানী থেকে নদীটির কাছে যাওয়া বেশ সময়সাপেক্ষ। ভূমিক্ষয়ে নদীর বুকে জেগে ওঠে চর। চাষের জন্য বন কেটে পুড়িয়ে ফেলাই এর প্রধান কারণ। এই দেশের উল্লেখযোগ্য ফসল চাল, কাসাভা ও ভ্যানিলা। কাসাভা একধরনের গাছের মূল। এটি থেকে ময়দা তৈরি করা যায়।

পৃথিবীতে প্রায় ২৬ হাজারেরও বেশি প্রজাতির অর্কিড আছে। অর্কিডেসিই পরিবারের গাছ ভ্যানিলা একধরণের অর্কিড। ভ্যানিলার শুঁটি অ্যালকোহল ও জলে ডুবিয়ে বের করা হয় গাঢ় বাদামি রঙের নির্যাস। এর গন্ধ এক কথায়

অপূর্ব ! ভ্যানিলা নির্যাসের ব্যবহারে কেক ও আইসক্রিম হয়ে ওঠে আকর্ষণীয়। ইন্দোনেশিয়া, মেক্সিকো এমনকি চিনদেশেও ভ্যানিলার চাষ হয় । তবে পৃথিবীতে সবচেয়ে বেশি ভ্যানিলা উৎপন্ন হয় মাদাগাস্কারে।

নোজি-বি দ্বীপে আছে স্কুবা ডাইভিংয়ের ব্যবস্থা । জলের নীচে দেখা যায় প্রবাল প্রাচীরের অপরূপ দৃশ্য, অ্যাঞ্জেলফিস আর লবস্টারের (গলদা চিংড়ি) আনাগোনা । সামুদ্রিক এই অ্যাঞ্জেলফিসের সঙ্গে অ্যামাজন নদীর অ্যাঞ্জেল মাছের কোনও মিল নেই। মাদাগাস্কার দ্বীপটির কাছাকাছি ছোট ছোট অনেক দ্বীপের মধ্যে একটি হল নোজি-বি । আন্টানানারিভো থেকে সরাসরি বিমানে অথবা সড়কপথে অ্যাঙ্কিফি পৌঁছে নৌকায় যেতে হয় সেখানে।

রাস্তা খারাপ তাতে কি । পৌঁছতে হবে পশ্চিম মাদাগাস্কারে অ্যান্টসালোভা জেলায় মেলাকি অঞ্চলের বেকোপাকা। কাছেই সিঙ্গি-ডি-বেমারাহা জাতীয় উদ্যান । গাছপালা বেশি নেই তাও অরন্য ! চারদিকে পাহাড়গুলি যেন পাথরের ছুরি । এই ছুরির অরন্যে খালি পায়ে হাঁটা যায় না । মালাগাসি ভাষায় এরকম জায়গাকে বলা হয় 'সিঙ্গি' । একসময় এখানে ছিল খাঁড়ি । সমুদ্রের জল সরে গেলে জেগে ওঠে চুনাপাথরের বিশাল মালভূমি। জল ও হাওয়ার প্রভাবে ক্ষত বিক্ষত হতে হতে জায়গাটি আজ এরকম । অনেক প্রতিকুলতার মাঝে এখানেও থাকে নানারকম গাছ ও প্রাণী । বিপদের আভাস পেলে সংকেত দেয় শিফাকা লিমার। শিফাক শব্দের অর্থ বিপদ সংকেত। অরণ্যের মধ্য দিয়ে বয়ে যায় মানামবোলো নদী।

এরপর বাওবাব এভিন্যু। আন্টানানারিভো থেকে অ্যান্বোসিত্রা হয়ে যাওয়া যায় সেখানে । রাস্তার দুইধারে বাওবাব গাছের সারি । আফ্রিকা, অস্ট্রেলিয়াতেও এই গাছ দেখা যায়। কান্ডে রিং বা বৃত্তাকার দাগ খুব হালকা, তাই একমাত্র রেডিওকার্বন-ডেটিং পদ্ধতি ছাড়া এই দৈত্যাকার গাছগুলির বয়স অনুমান করা বিজ্ঞানীদের পক্ষে অসম্ভব । তাবলে প্রাণভরে তাদের দেখতে তো ক্ষতি নেই। প্রকৃতির সৌন্দর্য উপভোগ করতে হয় ধীরে ধীরে। মাদাগাস্কারে অনেককে তাই বলতে শোনা যায় 'মোরা, মোরা' । এর অর্থ তাড়াহুড়োর কোন দরকার নেই।

চল যাই গ্রেট নিকোবর

দুটি দ্বীপপুঞ্জ নিয়ে গঠিত হয়েছে ভারতের একটি কেন্দ্রীয়শাসিত অঞ্চল আন্দামান ও নিকোবর দ্বীপপুঞ্জ। এর রাজধানী পোর্টব্লেয়ার। সেই দুই দ্বীপপুঞ্জের মাঝে একটি প্রণালীর নাম টেন-ডিগ্রি চ্যানেল। এর অবস্থান ১০ ডিগ্রি উত্তর অক্ষাংশে। প্রণালীটির দক্ষিণে রয়েছে নিকোবর দ্বীপপুঞ্জ। বিষুবরেখার উত্তর অথবা দক্ষিণে একই কৌনিক দুরত্বে অবস্থিত জায়গাগুলোর সংযোগকারী আনুভুমিক কাল্পনিক রেখাগুলিকে অক্ষরেখা বা অক্ষাংশ বলে। পৃথিবী একটি গোলকের মতো। বিষুবরেখা সেই গোলকটিকে আনুভুমিকভাবে দুটি সমান অংশে ভাগ করে।

নিকোবর দ্বীপপুঞ্জে দ্বীপের সংখ্যা ২২। প্রথমটির নাম কার-নিকোবর। সবচেয়ে দক্ষিণে রয়েছে গ্রেট-নিকোবর দ্বীপ। নিকোবরের বৃহত্তম দ্বীপ এটি। এর আয়তন ৯২১ বর্গ কিলোমিটার। পোর্টব্লেয়ার থেকে জাহাজে যাওয়া যায় গ্রেট-নিকোবরের ক্যাম্পবেল-বে সৈকতে। ইচ্ছে হলে হেলিকপ্টারেও যাওয়া যায়। এই দ্বীপের দুটি বিখ্যাত অভয়ারন্যের নাম ক্যাম্পবেল-বে জাতীয় উদ্যান ও গ্যালাথিয়া জাতীয় উদ্যান। ক্যাম্পবেল-বে জাতীয় উদ্যানের আয়তন ৪২৬ বর্গ কিলোমিটারের একটু বেশি। মাঝে ১২ কিলোমিটার চওড়া জঙ্গল। তারপরই গ্যালাথিয়া জাতীয় উদ্যান।

সলোমনের রত্নভাণ্ডার

ক্যাম্পবেল-বে জাতীয় উদ্যান থেকে দক্ষিনে সড়কপথে শাস্ত্রীনগর। তারপর ১০ কিলোমিটার এগোলেই গ্যালাথিয়া জাতীয় উদ্যান। এখানে নানাধরণের প্রাণীর মধ্যে আছে কাঁকড়াভুক ম্যাকাক। ম্যাকাকা ফ্যাসিকিউলারিস প্রজাতির লম্বা লেজ বিশিষ্ট এই বানর কাঁকড়া খেতে ভীষণ ভালবাসে। জলের নিচে অনেকক্ষণ ডুব সাঁতার দিয়ে শিকার ধরতে এরা ওস্তাদ। দক্ষিণ-পূর্ব এশিয়ার অনেক দেশে এদের দেখা যায়।

গ্যালাথিয়া জাতীয় উদ্যানের মধ্য দিয়ে বয়ে চলেছে গ্যালাথিয়া নদী। নিকোবর দ্বীপপুঞ্জের উচ্চতম পাহাড় মাউন্ট থুলিয়ার থেকে উৎপন্ন হয়ে ৪০ কিলোমিটার অতিক্রম করার পর এই নদী মিশেছে গ্যালাথিয়া উপসাগরে। সারাবছর জল থাকে গ্রেট-নিকোবরের এই দীর্ঘতম নদীতে। আরো অনেক জায়গার মতো এখানেও শিকারের সন্ধানে ওত পেতে থাকে নোনাজলের কুমির। সেগুলো আকারে যেমন বিশাল স্বভাবেও হিংস্র। পুরুষরা দৈর্ঘ্যে ২০ ফুটের কাছাকাছি হয়। এরা খায় নানারকম মাছ, পাখি, সরীসৃপ, উভচর ও স্তন্যপায়ী প্রাণী। মানুষও এদের হাত থেকে নিস্তার পায় না। মাউন্ট থুলিয়ার থেকে উৎপন্ন হয়েছে আরো চারটি নদী যেখানে কখনো জলের অভাব ঘটে না। সেই নদীগুলোর নাম জুবিলি, অমৃত কাউর, ডাক আনিয়াং ও ডাক তেয়াল। এইধরনের নদী গ্রেট-নিকোবর ছাড়া নিকোবর দ্বীপপুঞ্জে আর কোথাও নেই।

গাড়িতে শাস্ত্রীনগর থেকে ৭ কিলোমিটার। তারপর হেঁটেই যাওয়া যায় গ্যালাথিয়া সৈকত। অনেক পথ পেরিয়ে এখানকার নির্জন পরিবেশে ডিম পাড়তে আসে লেদারব্যাক-টার্টল। ডিম পাড়ার পর এরা আবার ফিরে যায় সমুদ্রে। ডার্মোচেলাইডি পরিবারের এই প্রাণীটি পৃথিবীর মধ্যে সবচেয়ে বড় সামুদ্রিক কাছিম। এদের উপরের খোলস চামড়ার মতো (তবে নমনীয়) ত্বকে ঢাকা থাকে।

গ্রেট নিকোবর দ্বীপের প্রসঙ্গ উঠলে বলতে হয় শোমপেনদের কথা। শোনা যায় প্রায় ১০০০০ বছর আগে সুমাত্রা থেকে এদের পূর্বপুরুষেরা এসেছিল এখানে। শোমপেনরা তাই এই দ্বীপের আদিবাসী। অনেকের ধারনা এরা মোঙ্গলয়েড জাতির একটি শাখা। শোমপেনদের তাই একটি মোঙ্গলয়েড উপজাতি বলা যায়। পৃথিবীতে প্রধানত ৪ জাতির মানুষ আছে। যেমন নিগ্রোয়েড, ককেসয়েড, মোঙ্গলয়েড ও অস্ট্রালয়েড। আক্ষরিক অর্থে প্রতিটি মানুষই কোন না কোন উপজাতির সদস্য।

নিরিবিলিতে থাকতে পছন্দ করে শোমপেনরা। গভীর জঙ্গলে তাই এই উপজাতিদের গ্রাম। সাধারনত মাচার উপর তৈরি হয় পাতার ছাউনি দেওয়া ঘর। গ্রেট-নিকোবরের অনেক জায়গায় সোমপেনদের বাস। খাওয়ার জন্য এরা শিকার করে নানারকম প্রাণী। যেমন মাছ, পাখি, শুয়োর ইত্যাদি। এছাড়াও এদের খাদ্য তালিকায় আছে প্যান্ডানাস (আনারসের মতো দেখতে), লেবু, লংকা, মৌচাকসহ মধু, পোকামাকড়ের লার্ভা, মিষ্টি আলু ও আরো অনেককিছু। খাদ্যের অভাব ঘটলে এরা একজায়গা থেকে অন্য জায়গায় চলে যায়।

'গ্যালাথিয়া অরণ্য ও বন্যপ্রাণ সুরক্ষা শিবির' থেকে হেঁটেই যাওয়া যায় পুলোবাহা। সোমপেনদের এই গ্রামের বর্তমান জনসংখ্যা ৫২। ২০০৪ সালের ভয়াবহ সুনামিতে এখানকার অনেকেই নিখোঁজ। আরো দক্ষিণে ইন্দিরা-পয়েন্ট গ্রামের পথে হেনহোআহা। লক্ষ্মীনগর পঞ্চায়েতের অধীন সোমপেন অধ্যুষিত এই গ্রামটি আজ জনশূন্য। গ্রেট নিকোবরে শোমপেনদের কয়েকটি উল্লেখযোগ্য গ্রামের নাম লফুল, কোকিয়ন, দাগমার, আলেকজান্দ্রিয়া ও কোথাংগাই। ২০১১ সালে সব মিলিয়ে এই দ্বীপে এদের সংখ্যা ছিল মাত্র ২২৯। দিন দিন কমতে কমতে এখন ওরা কতজন কেউ সঠিক জানে না।

একসময় ইন্দিরা পয়েন্টের নাম ছিল পিগম্যালিয়ন-পয়েন্ট। শোনা যায় পিগম্যালিয়ন ছিলেন সাইপ্রাসের এক ভাস্কর। একদিন তিনি তৈরি করেন অপূর্ব সুন্দরী এক নারী মূর্তি। তারপরই শুরু হয় সেই মূর্তির সঙ্গে প্রেম। স্রষ্টার আকুলতায় সাড়া দেয় সৃষ্টি। এক মোহময়ী নারীরূপে তার নাম হয়েছিল গ্যালাথিয়া। গ্রেট-নিকোবরে পিগম্যালিয়ন-পয়েন্টের পাশেই গ্যালাথিয়া উপসাগর। ১৮৪৬ সালে নিকোবর দ্বীপপুঞ্জে নতুন করে উপনিবেশ গড়ার জন্য প্রয়োজনীয় তথ্য সংগ্রহ অভিযানে এই উপসাগরে আসে ডেনমার্কের একটি ছোট যুদ্ধ জাহাজ গ্যালাথিয়া। জাহাজের নামটি তাই হয়তো জড়িয়ে গেছে সেই উপসাগর ও তাতে মিশে যাওয়া একটি নদীর সঙ্গে। অনেকের মতে চোল যুগে গ্রেট নিকোবর দ্বীপে গ্যালাথিয়া নদীর নাম ছিল কালাথি। কিছুদিন নিকোবরে কাটিয়ে ডেনমার্ক থেকে আসা জাহাজটি চলে যায় দক্ষিণ-পূর্ব এশিয়া, ফিলিপাইন হয়ে সাংহাই। তারপর দক্ষিণ আমেরিকা প্রদক্ষিন করে আবার ডেনমার্ক।

১৮৬৮ সালে ডেনমার্ক নিকোবর দ্বীপপুঞ্জের অধিকার বৃটিশদের কাছে বিক্রি করে দেয়। সুনামির প্রভাবে ইন্দিরা পয়েন্ট গ্রামটি আজ প্রায় নিশ্চিহ্ন। ১৯৭২ সালে সেখানে তৈরি হয়েছিল একটি লাইটহাউস। সেটির বেশ কিছুটা অংশও আজ জলের তলায়। কলম্বো থেকে সিঙ্গাপুরের পথে এই লাইটহাউসটি দেখা যায়। এখন সেখানে যেতে হয় জলপথে। ২০১১ সালের জনগননা অনুযায়ী ইন্দিরা পয়েন্ট গ্রামের বর্তমান জনসংখ্যা মাত্র ২৭।

মোঙ্গলয়েড জাতির আরেকটি শাখার নাম নিকোবরীয়। একসময় গ্রেট-নিকোবরের পশ্চিম সৈকতে ছিল এদের বাসস্থান। সুনামির পর এখন এরা থাকে আফরা উপসাগরীয় অঞ্চলে। ক্যাম্পবেল-বে থেকে নৌকায় যাওয়া যায় ওদের গ্রামে। অনেকের জীবিকা মাছধরা। পশুপালন ছাড়াও তৈরি করে নানারকম ফলের বাগান। এদের বাড়িঘরও খুব সুন্দর। সমুদ্র সৈকত থেকে দূরে দ্বীপের ভেতরে মাচার উপর এরা বানায় বিশাল কুড়েঘর। সেটির গোলাকার মেঝের ব্যাস হয় প্রায় ২০ ফুট। মেঝে থেকে গম্বুজের মতো ছাউনির উচ্চতাও হয় ২০ ফুটের কাছাকাছি। বাড়ি তৈরিতে সাধারনত এরা ব্যবহার করে বাঁশ, কাঠ, বেত, গাছের পাতা ও ঘাস। কুড়েঘরের ভেতরে আছে প্রয়োজনীয় জিনিস ও একসঙ্গে সবাই মিলে থাকার ব্যবস্থা। মাচার পাটাতনের নিচে থাকে দোলনা। নিকোবরীয়দের এইধরনের বাড়ির নাম মা-পাতি-তুহেত। এছাড়াও এরা বানায় আরো কয়েক রকমের বাড়ি। এদের রান্নাঘরকে বলা হয় তালিকো। সমুদ্রের কাছাকাছি মাচার উপর দেখা যায় নিকোবরীয় সার্বজনীন প্রসূতি ঘর, হাসপাতাল ইত্যাদি।

শোমপেন ও নিকোবরীয়দের উৎপত্তি নিয়ে ভারি সুন্দর একটা গল্প আছে। কেউ কোথাও নেই। একদিন হঠাত আকাশ থেকে একটি বালক নেমে আসে পৃথিবীতে। তারপর সেখানে জন্মায় ছোট্ট এক পাতিলেবুগাছ। চারদিকে শাখা প্রশাখা ছড়িয়ে দেখতে দেখতে গাছটি বিশাল আকার ধারন করে। একসময় ফুলে ভরে যায় গাছ। ফুল থেকে হয় ফল। একটা নয় দুটো নয়, অসংখ্য। কিন্তু সেসব খাওয়ার কেউ নেই। ধীরে ধীরে সব লেবু ঝরে যায় গাছ থেকে, ছড়িয়ে পড়ে নানা জায়গায়। পাতিলেবুর বীজ থেকে নিকোবর দ্বীপপুঞ্জে সৃষ্টি হল অনেক মানুষ। সবাই একসঙ্গে থাকতে শুরু করে। গ্রেট নিকোবরের মানুষেরাও একসময় একসঙ্গে ছিল। একদিন তাদের মধ্যে মতের অমিল ঘটে। দুই দলে ভাগ হয়ে একটি দল ঢুকে পড়ে দ্বীপের ভেতর গভীর জঙ্গলে। অন্যেরা রয়ে যায় সমুদ্রের পাড়ে। প্রথম

দলের নাম শোমপেন । অন্যটি নিকোবরীয় । তবে একটা কথা ঠিক, প্রাচীনকালে পৃথিবীর বিশালতা সম্পর্কে মানুষের সঠিক ধারণা ছিল না।

শোমপেনরা বিশ্বাস করে সবকিছুর মধ্যে আত্মা আছে। হতে পারে সেটা কোন বস্তু, আকৃতি, জায়গা, অবস্থা, কথা, ঘটনা, চিহ্ন ইত্যাদি। সহজ কথায় যেকোন কিছুই শক্তির একটি রূপ । আত্মা একটি শক্তি যা বিভিন্ন শারীরবৃত্তিয় প্রক্রিয়াকে নিয়ন্ত্রণ করে । মানুষের মৃত্যুর পর আত্মা শরীর ছেড়ে বাইরে এসে অশরীরী হয়ে প্রিয়জনকে নানা বিপদের হাত থেকে রক্ষা করে। এরকম আরো অনেক আত্মা তাদের কাছে শুভ শক্তি। অশুভ আত্মা শয়তান। এরা রোগ ও প্রাকৃতিক দুর্যোগের মতো নানা সমস্যার জন্য দায়ী। অশুভ শক্তির হাত থেকে বাঁচার জন্য ডাকতে হয় শমনদের। শোমপেনদের এই বিশ্বাসের নাম অ্যানিমিজম বা সর্বপ্রাণবাদ । এটাই তাদের ধর্ম । নিকোবরীয়রাও এই ধর্ম অনুসরণ করে । আধুনিক জীবনযাত্রায় অভ্যস্ত হওয়ার পর আজ তাদের অনেকেই খ্রিস্ট ধর্ম গ্রহণ করেছে।

হারিয়ে যাচ্ছে আরল সাগর

নামেই সাগর। আরল সাগর আসলে একটি হ্রদ। আয়তন ৬৮০০০ বর্গ কিলোমিটার। বিশাল আয়তনের জন্যেই হ্রদটিকে বলা হয় সাগর।আরল সাগরের অবস্থান মধ্য এশিয়ার দুই দেশ কাজাখস্তান ও উজবেকিস্তানের যথাক্রমে দক্ষিন ও উত্তর অংশে। তুর্কি ভাষায় আরল শব্দের অর্থ দ্বীপ। শোনা যায় একসময় এই হ্রদে ১১০০ র বেশি দ্বীপ ছিল। ভূবিজ্ঞানীদের অনুমান প্রায় ২৬ লক্ষ বছর আগে সেই দুই দেশের মাঝখানে একটি বিশাল গর্তের সৃষ্টি হয়। তারপর শিরদরিয়া ও আমুদরিয়া নদীর জলে গর্তটি ভর্তি হয়ে হ্রদের আকার ধারন করে।

নদীর পাড়ে সৃষ্টি হয় রিপারিয়ান বন। সেখানে জল ও স্থলের সহাবস্থান। রুক্ষ জায়গায় এইধরনের বাস্তুতন্ত্রের নাম তুগে বা তুগাই। এটি তাইগা বনাঞ্চল থেকে আলাদা। তাইগা ঠান্ডা অঞ্চলে দেখা যায়। গাছপালার ঘনত্ব সেখানে বেশ কম। বৃষ্টিপাত না হলেও তাইগা বনাঞ্চলে বছরে একটা সময় বন্যা হয়। তুগাই বাস্তুতন্ত্র চিন, পাকিস্তান ও মধ্যপ্রাচ্যের অনেক জায়গায় দেখা যায়।

টিগ্রোভায়া বাল্কা একটি তুগাই বন। একইসঙ্গে পাহাড়ি ও মরুভুমির পরিবেশে এখানে দেখা যায় পপলার, বুনো জলপাই গাছ আর বড় বড় ঘাস। আগে এই বনে ছিল কাস্পিয়ান অঞ্চলের বাঘ। এখন থাকে ব্যাকট্রিয়ান

হরিণ, ডোরাকাটা হায়না, সোনালি শেয়াল, জলাভুমির বেড়াল, বুনো শুয়োর, পাতিহাঁস, বাজপাখি, সারস, পানকৌড়ি, দাঁড়কাক ছাড়াও আরো অনেক প্রাণী। বনের মধ্য দিয়ে দক্ষিণে বয়ে চলে বখশ নদী। আফগানিস্তান ও তাজিকিস্তানের সীমান্তে সেই নদী মিশে যায় পাঞ্জ নদীর সঙ্গে। সৃষ্টি হয় আমুদরিয়া। আগে এই নদীর নাম ছিল অক্সাস। প্রায় ১৪১৫ কিলোমিটার পথ পেরিয়ে আমুদরিয়া মেশে আরল সাগরে। শিরদরিয়ার সঙ্গে আরল সাগরের দেখা হয় সেটির উত্তর-পূর্ব পাড়ে। কিজিলকুম মরুভুমির উপর দিয়ে দুই নদীর গতিপথ। মরুভূমিতে দেখা যায় নানারকম প্রাণী। প্রাণবৈচিত্র রয়েছে আরল সাগরেও।

মধ্য এশিয়ার ৫টি দেশ কাজাখস্তান, উজবেকিস্তান, কিরঘিজস্তান, তাজিকিস্তান ও তুর্কমেনিস্তান একসময় রুশ সাম্রাজ্য বা রাশিয়ার অংশ ছিল। সেই সাম্রাজ্যের শাসককে বলা হত জার। জারের আমলে একসময় রাশিয়ার কৃষিনির্ভর অর্থনীতিতে লাগে শিল্পায়নের ছোঁয়া। ১৯ শতাব্দীর দ্বিতীয়ার্ধে মস্কো শহরে বস্ত্রশিল্পের বেশ উন্নতি লক্ষ্য করা যায়। তুলো আসত প্রধানত মধ্য এশিয়ার উজবেকিস্তান ও তুর্কমেনিস্তান থেকে। আমেরিকা থেকেও তুলো আমদানি করা হত। ১৮৬১ সালে আমেরিকায় গৃহযুদ্ধ শুরু হলে সেদেশ থেকে রাশিয়ায় তুলো রপ্তানি বহুদিন বন্ধ থাকে। চাহিদা মেটাতে রাশিয়া তখন ভারত ও মিশর থেকে তুলো আমদানি শুরু করে।

জার আমলে জনসাধারণের অর্থনৈতিক অবস্থা মোটেও ভাল ছিল না। সম্পদ মুষ্ঠিমেয় কয়েকজনের হাতে। ফলে মানুষের মধ্যে বাড়তে থাকে অসন্তোষ। ১৯১৭ সালে রুশ বিপ্লবের পর লেনিনের নেতৃত্বে জারতন্ত্রের অবসান ঘটিয়ে ক্ষমতায় আসে বলসেভিক পার্টি। সৃষ্টি হয় সোভিয়েত ইউনিয়ন। একটি দেশ বা সমাজতান্ত্রিক প্রজাতন্ত্র যার লক্ষ্য শ্রেণী বৈষম্য দূর করে দেশের আর্থ সামাজিক উন্নতি ঘটানো। এরজন্য প্রয়োজন ব্যাপক কর্মসংস্থান ও শিল্পায়ন।

গৃহযুদ্ধের শেষে আমেরিকা থেকে তুলো আবার রাশিয়ায় আসতে শুরু করে। সোভিয়েত যুগেও বহুবছর তা অব্যাহত ছিল। দ্বিতীয় বিশ্বযুদ্ধের পর দুই দেশের মধ্যে সম্পর্কের অবনতি হলে বস্ত্রশিল্পের জন্য কাঁচামালের অভাব মেটাতে স্ট্যালিনের উদ্যোগে মধ্য এশিয়া অঞ্চলে তুলো চাষ প্রচুর বেড়ে যায়। চাষের জন্য নদীগুলো থেকে জল প্রচুর পরিমানে খালের মাধ্যমে

বের করে নেওয়া শুরু হলে আরল সাগরে জলের পরিমাণ কমতে থাকে। চাষের জমি থেকে আসা প্রচুর পরিমাণে রাসায়নিক সার ও কীটনাশক মেশানো জল হ্রদে পড়ায় আয়তন কমার সাথে সাথে হ্রদের জল হয়ে ওঠে মারাত্মক দূষিত ও লবনাক্ত। একসময় বিস্তীর্ণ অঞ্চলে জেগে ওঠে হ্রদের তলদেশ । সেখানে জমে থাকা লবন ও ক্ষতিকারক রাসায়নিক উপাদানগুলো শুকিয়ে তৈরি হয় বিষাক্ত ধুলো।

আরল সাগর এখন নিজেরই দুটি ছোট ছোট অংশ ছাড়া আর কিছু নয়। একটি উত্তর আরল সাগর। অন্য অংশের নাম দক্ষিণ আরল সাগর যেটির বেশিরভাগই উজবেকিস্তানে । কাজাখস্তান ও উজবেকিস্তানে আরল সাগরের তীরে একসময়কার দুটি বিখ্যাত শহর যথাক্রমে আরলস্ক ও ময়নাক । সেখানকার মানুষের প্রধান জীবিকা ছিল মাছধরা। সেইসঙ্গে চাষবাস ও পণ্য পরিবহণ। ময়নাক শহরেই থাকতেন প্রায় ৩০০০০ মানুষ। সাগর এখন সরে গেছে অনেক দূরে। উজবেকিস্তানের ৬ষ্ঠ বৃহত্তম শহর নুকুস থেকে মরুভুমির উপর দিয়ে ২০০ কিলোমিটার পেরিয়ে আসা যায় ময়নাক । তারপর আরো ১০০ কিলোমিটার এগোলে চোখে পড়ে দক্ষিণ আরল সাগর । জলের অভাব, অনাবৃষ্টি ও অতিরিক্ত বাষ্পায়নের ফলে আরল সাগরের এই অংশে জল অস্বাভাবিক নোনা। জলে দেখা যায় প্রচুর পরিমাণে ফেনা। চারদিকে অস্বস্তিকর দুর্গন্ধ। প্রকৃতিকে মানুষ যেভাবে ধ্বংস করে চলেছে আরল সাগরের এই অবস্থা তারই একটা জ্বলন্ত প্রমান। অনেকেই আসেন মানুষের তৈরি বিপর্যয়ের নিদর্শন হিসাবে দক্ষিণ আরল সাগরকে দেখতে।

ময়নাক শহর এখন প্রায় পরিত্যক্ত। মাঝে মাঝেই সেখানে ওঠে বিষাক্ত ধুলিঝড়। জীবন এখানে দুর্বিষহ। মারন ধুলোয় মানুষের নানা রোগ হয়। ঘাসেও তার প্রভাব। সেই ঘাস খেয়ে মারা যায় অনেক গবাদিপশু। ময়নাকের রুক্ষ ভূমিতে এখন দাঁড়িয়ে আছে মরচে ধরা অনেক জাহাজ। একসময় সেগুলো ভেসে বেড়াত বিশাল আরল সাগরের জলে। ময়নাক সংগ্রহশালায় রয়েছে পুরানো দিনের অনেক স্মৃতি। ছবিতে দেখা যায় এখানকার আগের পরিবেশ । ধুলো ঝড় আটকাতে উজবেকিস্তানের কারাকালপাকস্তান অঞ্চলে বন বিভাগের উদ্যোগে ইতিমধ্যে শুরু হয়ে গেছে হ্যালোজাইলন গোত্রের গুল্মজাতীয় অসংখ্য সাক্সল গাছ লাগানোর কাজ। তাতে যদি অবস্থার কিছুটা উন্নতি হয়।

তবে চেষ্টা করলে অনেক বিপর্যয় কাটিয়ে ওঠা সম্ভব। উত্তর আরল সাগরকে স্বমহিমায় ফিরিয়ে আনতে ২০০৫ সালে কাজাখস্তানে তৈরি হয়েছে কোক-আরল বাঁধ। প্রায় ১৩ কিলোমিটার দীর্ঘ এই বাঁধের জন্য কয়েক বছরের মধ্যেই আরল সাগরের এই অংশের জলতল অনেক বৃদ্ধি পেয়েছে। নোনাভাব কমে যাওয়াতে জলে ফিরে আসে অনেক প্রজাতির মাছ। আরলস্কে মৎস্যজীবিদের মধ্যে এখন খুশির জোয়ার। পেছনে ফিরে তাকানোর কোন প্রয়োজন নেই। পৃথিবীতে সবচেয়ে বেশি তুলো উৎপন্ন হয় ভারতে। এই ব্যাপারে ৬ষ্ঠ স্থানে রয়েছে উজবেকিস্তান। আমুদরিয়ার জল আরল সাগরের দক্ষিন অংশে আর পৌঁছায় না। মহাকাশ থেকে নাসার ক্যামেরায় একের পর এক ধরা পড়েছে আরল সাগরের বিপর্যয়ের ছবি। এরকম চললে দক্ষিন আরল সাগর পুরোপুরি বিলুপ্ত হয়ে যাবে। সেদিনটি বোধহয় খুব বেশি দূরে নেই।

তামাকের সাতকাহন

ধূমপান স্বাস্থ্যের পক্ষে ক্ষতিকর। সিগারেটের প্যাকেটের গায়ে লেখা এই সাবধান বাণী দেখেও কেউ দেখে না। ধূমপান চলতে থাকে অবিরত। বিপদ এলে অবস্থা অনেকসময় আয়ত্তের বাইরে চলে যায়। তামাক বা তামাকজাতীয় দ্রব্য পুড়িয়ে সৃষ্টি করা ধোঁয়া মুখ দিয়ে গ্রহণকেই সাধারণত ধূমপান বলে। ধূমপানের অন্য নাম তামাক সেবন। এই প্রসঙ্গে সবার আগে মনে আসে অ্যাজটেকদের কথা। একসময় উত্তর মেক্সিকোয় বসবাসকারী এই মানুষদের মধ্যে ধূমপানের প্রচলন ছিল। চাষবাস যাতে ভাল হয় সেজন্য অ্যাজটেকেরা তাদের দেবতা তালালককে তামাক নিবেদন করত। শোনা যায় অ্যাজটেক সভ্যতার আরো অনেক আগে মায়া যুগের মানুষও তামাকের ব্যবহার জানত।

সোলানেসিই পরিবারে নিকোটিয়ানা গনের গাছ তামাক। অনেক প্রজাতির তামাক গাছের মধ্যে দুটি উল্লেখযোগ্য প্রজাতি হল নিকোটিয়ানা ট্যাবাকাম ও নিকোটিনিয়া রাস্টিকা। ইংরিজি টোবাকো শব্দটির সঙ্গে ট্যাবাকামের বেশ মিল আছে। নিকোটিয়ানা রাস্টিকার অন্য নাম অ্যাজটেক টোবাকো। বহুবছর আগে থেকেই মধ্য আমেরিকার মেক্সিকোতে তামাক চাষের প্রচলন ছিল।

অ্যাজটেকদের বিশ্বাস ধোঁয়ার মাধ্যমে প্রার্থনা সরাসরি পৌঁছে যায় দেবতার কাছে। তামাকপাতা বা তামাকের ধোঁয়া সৃষ্টির জন্য তারা ব্যবহার করত নানারকম পাইপ। প্রত্নতাত্ত্বিক অনুসন্ধানের পর মেক্সিকোর অনেক জায়গায়, বিশেষ করে বর্তমান মেক্সিকো-সিটিতে অবস্থিত অ্যাজটেকদের প্রধান মন্দির চত্বরে, বেশকিছু সংখ্যক ধূমপানের পাইপ খুঁজে পাওয়া যায়। সেসব রাখা আছে মেক্সিকো, কানাডা, আমেরিকা ও ইংল্যান্ডের সংগ্রহশালায়।

ধূমপানের পাইপ তৈরি হত কাদামাটি, পাথর ও গাছের ডাল দিয়ে। অনেক পাইপে দেখা যায় অদ্ভুত সব নকশা। সেগুলোয় ফুটে ওঠে নানা দেবদেবী, পশুপাখির মুখ বা অবয়ব, ফুল, লতাপাতা, অর্থবহ কোনো চিহ্ন ইত্যাদি। পাইপগুলোর আকারেও ছিল বৈচিত্র। ছোট থেকে বড় হওয়া, বিয়ে, শিশুর জন্ম ইত্যাদির মতো জীবনের বহু ঘটনা স্মরণীয় করে রাখার জন্য অ্যাজটেকদের মধ্যে ধূমপানের রীতি ছিল। অতিথিদের বিনোদনের জন্য বিভিন্ন সামাজিক অনুষ্ঠানে তারা ধূমপানের আয়োজন করত। তামাকপাতা মুড়ে তৈরি হত চুরুট। এখন হাভানা চুরুটের কথা অনেকেরই জানা।

কলম্বাস আমেরিকা আবিস্কার করার পর তামাক পৌঁছে যায় ইউরোপের নানা দেশে। ধীরে ধীরে জনপ্রিয় হয়ে ওঠে তামাক সেবনের পাইপ। এরিকা আরবোরিয়া নামক গুল্মের শেকড় দিয়ে তৈরি হয় ব্রায়ার পাইপ। মীর্সচৌম কাদামাটির মতো একধরনের খনিজ পদার্থ যা দিয়ে তৈরি পাইপ ধূমপানকে করে তোলে আকর্ষণীয়। ভুট্টার শিষ কাজে লাগে কর্ন-কব পাইপ বানাতে। চেরি কাঠের পাইপ দেখতে অনেকটা চুরুটের মতো। কালাবাস পাইপের তামাক পাত্রটি তৈরি হয় একধরনের লাউ দিয়ে। এই পাইপের মধ্য দিয়ে টেনে নেওয়া তামাকের ধোঁয়ায় থাকে ঠান্ডা আমেজ। কখনো ধূমপানের পাইপ তৈরিতে ব্যবহার করা হয় অ্যালুমিনিয়াম, স্টিলসহ নানারকম ধাতু ও কাঁচ।

শোনা যায় ইংল্যান্ডে অভিজাত সমাজে পাইপের সাহায্যে ধূমপান চালু করেন খ্যাতনামা অভিযাত্রী স্যার ওয়াল্টার র‍্যালি। অনেকে বলেন তাঁকে দেখেই রাণী ১ম এলিজাবেথ ধূমপান শুরু করেছিলেন। যদিও ঐতিহাসিকরা সেকথার সত্যতা স্বীকার করেন না। বিখ্যাত ব্যক্তিদের মধ্যে পাইপ স্মোকার হিসাবে উল্লেখ করা যায় অ্যালবার্ট আইনস্টাইন, মার্ক টোয়েন, স্যার আর্থার কোনান ডয়েল, ফ্রেডরিখ নিয়েৎসে, উইনস্টন চার্চিল

ও আরো অনেকের নাম। ভারতে প্রচলিত ধূমপানের একধরনের পাইপকে বলা হয় ছিলিম। ৩ থেকে ১২ ইঞ্চি দৈর্ঘ্যের শঙ্কু আকৃতির সেই পাইপ বেশ জনপ্রিয় হয়ে ওঠে খ্রিস্টিয় ১৮ শতকে।

ঔপনিবেশিক যুগে পর্তুগীজ বনিকদের মাধ্যমে তামাক পৌঁছে যায় ভারত ও দক্ষিণ-পূর্ব এশিয়ার অনেক দেশে। অটোমান যুগে তামাক প্রবেশ করে মধ্যপ্রাচ্যে। খ্রিস্টিয় ১৬ শতকে ফিলিপাইনসে ছিল স্পেনের উপনিবেশ। সম্ভবত সেখান থেকেই তামাক প্রবেশ করে চিনদেশে। মধ্যপ্রাচ্যের একটি দেশের নাম পারস্য (এখন ইরান)। অনেকদিন আগে সেখানে ধূমপানের জন্য শুরু হয় হুকার ব্যবহার। শোনা যায় সেটি আবিষ্কার করেছিলেন মোগল সম্রাট আকবরের চিকিৎসক আবুল-ফতেহ গিলানি। কেউ কেউ মনে করেন ভারতের ফতেপুর সিক্রি থেকে একসময় হুকা পৌঁছে যায় সুদূর পারস্যে।

হুকায় ধূমপান পাইপের থেকে আলাদা। তামাকের ধোঁয়া জলের মধ্য দিয়ে বেরিয়ে আসার পর নলের সাহায্যে গ্রহণ করা হয়। হুকার ধোঁয়ায় পাওয়া যায় শীতল অনুভূতি। ধূমপানের সময় হুকায় গড়গড় আওয়াজ ওঠে। হয়তো সেই কারণেই আমাদের দেশে হুকাকে অনেকসময় গড়গড়া বলা হয়। ইংরিজিতে হুকার নাম ওয়াটার-পাইপ, কখনো বা হাবল-বাবল। পৃথিবীর নানা দেশে হুকা বিভিন্ন নামে পরিচিত। যেমন আলবেনিয়ায় লুলা, রোমানিয়ায় নারঘিলিয়া, ফিলিপাইনসে হিটবু, ভিয়েতনামে শিশা, মালদ্বীপে কানডি, সিরিয়া ও লেবাননে আরগিলে। ইরানের অনেক জায়গায় হুকা কালিয়ান নামে পরিচিত।

হুকার মাধ্যমে ধূমপানকে আরো আকর্ষণীয় করে তুলতে তামাকে মেশানো হয় নানারকম উপকরণ। গন্ধের জন্য রয়েছে চেরি, আপেল, পিচ, বেরি ইত্যাদি। কখনো কফি ও ভ্যানিলা। মিস্টি ধোঁয়া তৈরি করে চিনির জল। মশলাদার ধূমপানের জন্য প্রয়োজন লবঙ্গ, দারচিনি, জায়ফল প্রভৃতি। মেন্থল মেশানো তামাকের ধোঁয়াতে গলায় পাওয়া যায় একটা ঠান্ডা অনুভূতি। হুকায় ব্যবহার করা হয় বিভিন্ন ব্র্যান্ডের তামাক। কয়েকটি উল্লেখযোগ্য ব্র্যান্ড হল আল-ফাখের, স্টারবাজ, শিশা-কারটেল, নাখলা, ওভারডজ, ব্রুসকো ও মাজায়া। তামাকের প্রদর্শনীতে পাওয়া যায় নামকরা বহু ব্র্যান্ডের তামাক সেবনের আনন্দ। একইসঙ্গে দেখা যায় অনেক ধরণের হুকা। কোনো কোনো হুকায় থাকে একাধিক ধূমপানের নল। ধূমপানের মজা

দারুণভাবে উপভোগ করার জন্য পৃথিবীর নানা জায়গায় ইতিমধ্যে স্থাপিত হয়েছে হুকা-বার। শোনা যায় সাফাভিদ যুগে হুকা-বার প্রথম দেখা যায় পারস্যে । বর্তমানে ধূমপানের সাথে অনেক হুকা-বারে নাচ গানেরও আয়োজন করা হয়।

শোনা যায় মোগল সম্রাট আকবর ও জাহাঙ্গীর, অযোধ্যার নবাব ওয়াজিদ আলি শাহ, পেশোয়া ১ম বাজীরাও, পারস্যের প্রথিতযশা কবি আমির খসরু, প্রাক্তন ব্রিটিশ প্রধান মন্ত্রী উইনস্টন চার্চিল, জামাইকার সঙ্গীতজ্ঞ বব মার্লেসহ বিখ্যাত আরো অনেকেই হুকায় ধূমপান করতেন। হুকায় ধূমপান 'অ্যালিশ ইন দ্য ওয়ান্ডারল্যান্ড' বইয়ের লেখক লুই ক্যারলের এতটাই প্রিয় ছিল যে তিনি তাঁর সেই বইতে একটি শুঁয়োপোকাকেও হুকা টানতে বাধ্য করেন।

হুকায় ব্যবহৃত তামাক সরাসরি আগুনের সংস্পর্শে আসে না । অনেক হুকাতে তামাক রাখার পাত্রের উপর একাধিক ছিদ্রযুক্ত অ্যালুমিনিয়াম ফয়েলের পরিবর্তে থাকে জ্বলন্ত চারকোল রাখার পাত্র । হুকার সাহায্যে ধূমপানের জন্য তামাকপাতা কাটা হয় নানাভাবে। সরু ফিতের মতো ফাইন-কাট তামাক অনেক হুকাপ্রেমীর খুব পছন্দ। এছাড়াও হুকায় ব্যবহারের জন্য পাওয়া যায় মিডিয়াম-কাট, লিফ-কাট, প্লাগ-কাট (আয়তাকার বা ঘনকের মতো দেখতে জমানো তামাকের ছোট ছোট টুকরো), ও আরো নানাভাবে কেটে নেওয়া তামাক।

উনবিংশ শতাব্দীতে ফ্রান্সে আবিষ্কৃত হয় সিগারেট। এতে থাকে ফাইন-কাট তামাক যা সহজেই কাগজে মুড়ে নেওয়া যায়। এইধরনের তামাক একভাবে পোড়ে । তাই ধূমপানের আমেজ থাকে নিরবিচ্ছিন্ন । কখনো অনেককে পাইপে চুরুট অথবা সিগারেট লাগিয়েও ধূমপান করতে দেখা যায়। ভারতে কোনো একসময় তেন্দুপাতায় তামাক মুড়ে তৈরি হয় বিড়ি। বিংশ শতাব্দীতে পৃথিবীর অনেক দেশে বিড়ির জনপ্রিয়তা বেশ লক্ষ্যণীয় । সিগারেটের তুলনায় বিড়ি খুব সস্তা । আজও গ্রামাঞ্চলে অনেক পরিবার বিড়ি বেঁধে জীবিকা নির্বাহ করে।

তামাক ও পাইপের মাধ্যমে ধূমপান নিয়ে ওয়াল্টার র‍্যালির লেখা বহুপরিচিত একটি বইয়ের নাম 'পাইপ স্মোকারস' গাইড টু প্লেজার' । তামাকের ধোঁয়ায় থাকে নিকোটিন। এটি একধরনের নাইট্রোজেনযুক্ত জৈব

যৌগ । নিকোটিনের প্রভাবে মুখ ও গলায় অস্বস্তি হয় । এছাড়াও বমি বমি ভাব, তলপেটে ব্যথা ও উদরাময়ের মত আরো অনেকরকম শারীরিক অসুস্থতার জন্য এই যৌগটিকে দায়ী করা যায় । কাটাছেঁড়া, ফুলে যাওয়া ইত্যাদির মতো নানা শারীরিক সমস্যা সমাধানের জন্য অ্যাজটেকরা তামাকপাতার উপর নির্ভর করত । শোনা যায় নাক দিয়েও তারা টানত তামাকের গুঁড়ো । বর্তমানে সেটির পোষাকী নাম নস্যি । টানার পর নাকের ভেতরকার মিউকাস পর্দার মাধ্যমে নস্যি থেকে নিকোটিন রক্তে মিশে যায় । নস্যির হাঁচি বেশ আরামদায়ক । তবে ধূমপানের পরিবর্তে নিয়মিত নস্যি ব্যবহার করলেও মহাবিপদ । রক্তে নিকোটিনের পরিমাণ বেড়ে গেলে সংবহনতন্ত্রে জটিলতা সৃষ্টি হয় । ফলে হৃদযন্ত্র বিকল হওয়ার যথেষ্ট সম্ভাবনা থাকে ।

চুন মেশানো শুকনো তামাক কুচি হাতের তালুতে বুড়ো আঙুল দিয়ে খুব ভাল করে ডলে নিলে তৈরি হয় খৈনি। নাকের বদলে মুখের ভেতরে ঠোঁট ও মাড়ির মাঝে আলতোভাবে গুঁজে দেওয়া হয় এটি। তারপরই মুখে একটা জ্বালা জ্বালা অনুভূতি। যেন স্বর্গসুখ ! খৈনি থেকে নিকোটিন মুখের মিউকাস পর্দা অতিক্রম করে রক্তে মেশে। নিয়মিত খৈনির ব্যবহারে দাঁত ও মাড়ির ক্ষয়, ক্যান্সার ও হৃদযন্ত্রের সমস্যাসহ আরো নানারকম রোগ হতে পারে। বিশ্ব স্বাস্থ্য সংস্থার সাম্প্রতিক তথ্য অনুযায়ী তামাক সেবনের ফলে প্রতিবছর সারা পৃথিবীতে প্রায় ৮০ লক্ষ মানুষ মারা যায় । এই ব্যাপারে প্রত্যেকের সচেতনতা ভীষণ জরুরি । আজ তাই দিকে দিকে শুরু হয়েছে তামাক বিরোধী আন্দোলন।

বিমান দুর্ঘটনা ও রাষ্ট্রনায়কদের মৃত্যু

২০২৪ সালের সাম্প্রতিক বিমান দুর্ঘটনায় নিহত হলেন ইরানের প্রেসিডেন্ট ইব্রাহিম রেইসি। ঘটনাস্থল সেদেশের আজারবাইজান প্রদেশে উজি গ্রামের কাছে। শোনা যায় তিনি যাচ্ছিলেন কিজ-কালাসি বাঁধের উদ্বোধনে। তেহরান থেকে গন্তব্যস্থলের দূরত্ব ৭৫৫ কিলোমিটার। হঠাৎ ঘন কুয়াশা। দুর্গম পাহাড়ি এলাকায় ভেঙে পড়ে প্রেসিডেন্টের বেল-২১২ হেলিকপ্টার। তার সঙ্গে ছিলেন বিদেশ মন্ত্রী আমির আবদোল্লাহিয়া ও আরো অনেকে। এবছরই ফেব্রুয়ারি মাসে বিমান দুর্ঘটনায় নিহত হন চিলির প্রেসিডেন্ট সেবাস্তিয়ান পিনেরা। প্রচন্ড বৃষ্টি ও কুয়াশায় ওড়ার কিছুক্ষণ পরেই রবিনসন আর-৪৪ হেলিকপ্টারটি আছড়ে পড়ে চিলির লস রিওস অঞ্চলে লেক র‍্যাঙ্কোর জলে। সিট বেল্ট না খুলতে পারার জন্য পিনেরা হেলিকপ্টার থেকে জলে ঝাঁপ দিতে পারেননি।

১৯১৪ সালে ফ্লোরিডায় স্থাপিত হয় পৃথিবীর প্রথম বিমান পরিবহন সংস্থা দ্য সেন্ট পিটারসবার্গ-ট্যাম্পা এয়ারবোট লাইন। চালানো হয়েছিল বেনোইস্ট ১৪ নামে একটি সী-প্লেন। নাম শুনেই বোঝা যায় এই বিমান জল থেকে আকাশে ওড়ে, আবার জলেই নামে। প্রযুক্তিগত উন্নতির সাথে সাথে পৃথিবীর যেকোনো প্রান্তে যাতায়াত এখন খুব সহজ। বিমান সফরের প্রতি মানুষের আগ্রহ দিন দিন বাড়ছে। ঝুঁকি সত্বেও ২০২৩ সালে সারাবিশ্বে বিমানে সফর করেছেন ৮ কোটি ৬০ লক্ষ মানুষ। বিমান দুর্ঘটনার সংখ্যাও

কিছু কম নয়। ১৯৭০ সাল থেকে ইতিমধ্যে ১১১৬৪ দুর্ঘটনায় প্রাণ হারিয়েছেন ৮৩৭৭২ মানুষ। তাদের মধ্যে রয়েছেন বহু রাস্ট্রনায়ক ও বিখ্যাত ব্যাক্তিত্ব। দেশ ও সমাজের কল্যানে অনেকের অবদান নিঃসন্দেহে উল্লেখযোগ্য।

১৯৩৬ সালে বিমান দুর্ঘটনায় প্রাণ হারান সুইডেনের প্রধানমন্ত্রী আরভিড লিন্ডম্যান। তিনি ছিলেন একটি ডগলাস ডিসি-২ বিমানে। ঘন কুয়াশায় ওড়ার পরই সেটি সরাসরি ঢুকে যায় লন্ডনের ক্রয়ডন বিমান বন্দরের কাছে বাড়িঘরের মধ্যে। মাত্র ৫২ বছর বয়সে নিহত হন (১৯৪০) প্যারাগুয়ের একনায়ক প্রেসিডেন্ট জোস ফেলিক্স এস্টিগ্যারিবিয়া। সেদেশের রাজধানী এসানসিওনের ৫০ কিলোমিটার উত্তরপূর্বে আলটস থেকে সস্ত্রীক সান বার্নান্দিনো যাওয়ার পথে বিপদ ঘনিয়ে আসে। দুর্ঘটনাগ্রস্ত বিমানটি ছিল ফ্রান্সের পোটেজ-২৫। দ্বিতীয় বিশ্বযুদ্ধের সময় জার্মানি ও রাশিয়া অধিকৃত পোল্যান্ডের নির্বাসিত প্রধানমন্ত্রী ওয়াদিস্লাও সিকোরস্কি সরকার চালাতেন ফ্রান্স থেকে। মধ্যপ্রাচ্যে সেনা পরিদর্শন সেরে জিব্রাল্টার এয়ারপোর্ট থেকে লন্ডন যাওয়ার সময় (১৯৪৩) ভুমধ্যসাগরে তাঁর বিমান ভেঙে পড়ে। যান্ত্রিক ক্রুটিকে এই দুর্ঘটনার জন্য দায়ী করা হয়। মারা পড়েন পাইলট ছাড়া বিমানের সব যাত্রী।

১৯৫৭ সালে বিমান দুর্ঘটনায় নিহত হন ফিলিপিন্সের প্রেসিডেন্ট র‍্যামন ম্যাগসেসে। তাঁর জীবনের লক্ষ্য ছিল দুর্নীতি দমন ও মানুষের জীবনযাত্রার মান উন্নত করা। একটি ডগলাস সি-৪৭ স্কাইট্রেন এয়ারক্রাফট বা ডাকোটা বিমানে ম্যাগসেসে সেবু শহর থেকে ম্যানিলা যাচ্ছিলেন। সেইসময় বিমানটি ধাক্কা খায় সেবু প্রদেশে মানুঙ্গাল পাহাড়ে। আত্মহত্যা ও ইম্পিচমেন্ট একের পর এক দুই প্রেসিডেন্টের। রাজনৈতিক অস্থিরতায় কিছুদিনের জন্য ব্রাজিলের প্রেসিডেন্ট হয়েছিলেন নেরেউ রামোস। ১৯৫৮ সালে পারানা রাজ্যের আফনসো পেনা আন্তর্জাতিক বিমানবন্দরের কাছে এক বিমান দুর্ঘটনায় মারা যান তিনি। শোনা যায় বিমানটি ঝড়ের কবলে পড়েছিল। পরের বছর আরেকটি দুর্ঘটনা। নিহত হলেন মধ্য আফ্রিকা প্রজাতন্ত্রের (তৎকালীন ফ্রান্সের স্বয়ংশাসিত অঞ্চল) প্রধানমন্ত্রী বারথেলেমি বোগান্ডা। ঔপনিবেশিকতা বিরোধী বোগান্ডার লক্ষ্য ছিল বিদেশী প্রভাব থেকে জাতিকে মুক্ত করা। বারবেরাটি থেকে বাঙ্গুই যাবার পথে (১৯৫৯) বোদা জেলার বউকপায়াঙ্গার কাছে তাঁর বিমান ভেঙে পড়ে। দুর্ঘটনাস্থলে বিস্ফোরক পাওয়া যায়। বুঝতে অসুবিধা হয় না আসল ব্যাপারটা কি।

কঙ্গো সমস্যার সমাধান করতে গিয়ে প্রাণ হারান (১৯৬১) জাতি সঙ্ঘের ২য় মহাসচিব দাগ হ্যামারশোল্ড। ১৯৬০ সালে বেলজিয়ামের কাছ থেকে স্বাধীনতালাভের পর সেদেশে বিচ্ছিন্নতাবাদী আন্দোলন শুরু হয়। পরিস্থিতি স্বাভাবিক করতে আন্দোলনকারীদের সঙ্গে বৈঠকের উদ্দেশ্যে বেরিয়ে পড়েছিলেন হ্যামারশোল্ড। অবশেষে বর্তমান জাম্বিয়ার দোলা শহরের কাছে ধ্বংসস্তুপে পরিনত হওয়া মহাসচিবের ডগলাস ডিসি-৬ বিমানটি খুঁজে পাওয়া যায়। অনেকে এই ঘটনাতেও নাশকতার গন্ধ পান। নিশ্চিত করে কিছু বলা না গেলেও মনে করা হয় বিমানটিকে গুলি করে নামানো হয়েছিল।

সামরিক অভ্যুত্থানের মাধ্যমে হাশিম রাজতন্ত্রের অবসান (১৯৫৮) ঘটানোর কয়েকবছর পর ইরাকের প্রেসিডেন্ট হন আব্দুল সালাম আরিফ। শান্তি স্থাপনের জন্য তিনি দেশের সমস্ত মানুষকে ঐক্যবদ্ধ করতে চেয়েছিলেন। দুর্ভাগ্যবশত বসরার কাছে একটি বিমান দুর্ঘটনায় তিনি প্রাণ হারান। কি কারনে প্রেসিডেন্টের ব্রিটিশ হ্যাভিল্যান্ড ডাভ হেলিকপ্টারটি ধ্বংস (১৯৬৬) হয়েছিল সেই সম্পর্কে সঠিক কিছু জানা যায় না। এরপর ১৯৬৭ সাল। আকাশে দুটি বিমানের মধ্যে মুখোমুখি সংঘর্ষে নিহত হন ব্রাজিলের প্রাক্তন প্রেসিডেন্ট ক্যাস্টেলো ব্র্যাংকো। শোনা যায় তাঁর সরকার দেশের মানুষের গনতান্ত্রিক অধিকার খর্ব করেছিল। ব্র্যাংকোর পাইপার পিএ-২৩ বিমানটি ধাক্কা খায় লকহিড টি-৩৩ নামে সেদেশের একটি সামরিক বিমানের সাথে। দুর্ঘটনাস্থল ছিল রিও ডি জেনিরোর প্রায় ২৫৮১ কিলোমিটার দক্ষিণপশ্চিমে ফোর্টালেজার কাছে।

পৃথিবীতে সবচেয়ে বেশি বিমান দুর্ঘটনা ঘটে দক্ষিন আমেরিকা, আফ্রিকা ও মধ্যপ্রাচ্যে। আবার একটি দুর্ঘটনা। মারা গেলেন (১৯৬৯) বলিভিয়ার প্রেসিডেন্ট রেনে ব্যারিয়েন্টোস। তিনি ছিলেন একটি হিলার ওএইচ-২৩ হেলিকপ্টারে। শোনা যায় সেটি আর্কের কাছে একটি টেলিফোন কেবিলে ধাক্কা খায়। অনেকের কাছে ব্যারিয়েন্টোস ছিলেন সাম্যবাদ বিরোধী,গনতন্ত্রের মুখোসধারী একজন বিদেশী স্বার্থ রক্ষাকারী ব্যাক্তিত্ব। শোনা যায় চে গেভারাকে হত্যার নির্দেশ দিয়েছিলেন ব্যারিয়েন্টোস স্বয়ং। তবে ব্যারিয়েন্টোসের বিমান দুর্ঘটনার পেছনে নাশকতার কোন প্রমান পাওয়া যায়নি। মাদাগাস্কারের প্রধানমন্ত্রী হওয়ার (১৯৭৬) কয়েকমাস পরই বিমান দুর্ঘটনায় মারা যান জোয়েল রক্তমালালা। রাজধানী আন্টানানারিভো

থেকে ছাড়ার কয়েকদিন পরই বিমানটি ভেঙে পড়ে আঙ্কাজোমিরিওত্রা নামে একটি জায়গায়।

১৯৭৭ সালের ১৮ই জানুয়ারি, বেলগ্রেড বিমানবন্দরে প্রেসিডেন্ট টিটোকে বিদায় জানানোর পর দেশে ফেরার পথে দুর্ঘটনার কবলে পড়েন যুগোস্লাভিয়ার প্রধানমন্ত্রী জেমাল বিয়েডিক। বসনিয়া হারজেগোভিনায় ক্রেসেভো শহরের কাছে ইনাক পাহাড়ে ধাক্কা খায় তাঁর লিয়ারজেট ২৫ বিমান। সেই বিমান দুর্ঘটনায় সস্ত্রীক নিহত হন বিয়েডিক। এরপর ১৯৮১ সাল। একটি সামরিক অনুষ্ঠানে অংশগ্রহণ করতে যাচ্ছিলেন ইকুয়েডরের প্রেসিডেন্ট জেইমে রোলডস অ্যাগুইলেরা। লোজা প্রদেশে গুয়াচানামা শহরের কাছে হুয়েইরাপুঙ্গো পাহাড়ে ধাক্কা খেয়ে তাঁর বিচক্র্যাফট সুপারকিং বিমানে আগুন ধরে যায়। মারা যান অ্যাগুইলেরাসহ বিমানের সব যাত্রী। অনেকের ধারনা সেই দুর্ঘটনা হয়েছিল পাইলটের ভুলে। শ্রমিক স্বার্থরক্ষায় প্রেসিডেন্ট অ্যাগুইলেরার উল্লেখযোগ্য অবদান ছিল। সাপ্তাহিক কাজের সময় কমানো ও ন্যূনতম মজুরি বৃদ্ধির প্রসঙ্গে তাঁর কথাই মনে আসে।

আবার পাইলটের ভুল। একইসঙ্গে মারা পড়েন ৩৩ জন। নিহতদের মধ্যে ছিলেন (১৯৮৬) মোজাম্বিকের প্রেসিডেন্ট সামোরা ম্যাচেল। তাঁর টুপোলেভ টিইউ-১৩৪ বিমানটি জাম্বিয়ার বালা থেকে মোজাম্বিকের রাজধানী মাপুটো যাচ্ছিল। রাতে সেটি দক্ষিন আফ্রিকায় পুমালাঙ্গা প্রদেশে বুজিনি গ্রামে ভেঙে পড়ে। জাম্বিয়ার একটি সম্মেলনে ম্যাচেলের যোগদানের উদ্দেশ্য ছিল তৎকালীন জায়ার প্রজাতন্ত্রের একনায়ক মোবুতু সেসে সেকোর উপর চাপ সৃষ্টি করা। কারন তিনি স্বাধীন অ্যাঙ্গোলায় ক্ষমতা দখলের লড়াইয়ে সেদেশের ২য় বৃহত্তম রাজনৈতিক দলটিকে সাহায্য করছিলেন।

ক্ষমতার লোভ বড়োই ভয়ংকর। সেকারনেই আরেকটি বিমান দুর্ঘটনায় নিহত হন (১৯৮৭) লেবাননের প্রধানমন্ত্রী রাশিদ কারামি। ৮ বার তিনি সেদেশের প্রধানমন্ত্রী নির্বাচিত হয়েছিলেন। লেবাননে তখন গৃহযুদ্ধ চলছে। সমাজে অর্থনৈতিক চরম বৈষম্যের ফলে বিভিন্ন ধর্মীয় সম্প্রদায়ের সশস্ত্র সংগঠন বা মিলিশিয়া বাহিনীগুলোর মধ্যে মারামারির ফল। ম্যারোনেট খ্রিস্টান মিলিশিয়া বাহিনীর সঙ্গে রাশিদ কারামির সুসম্পর্ক ছিল না। ত্রিপোলি থেকে বেইরুট যাওয়ার পথে কারামির হেলিকপ্টারে বিস্ফোরন

ঘটে। শোনা যায় সেই হেলিকপ্টারে লাগানো হয়েছিলো দুরনিয়ন্ত্রিত বোমা। নাশকতার বলি হন কারামি।

পরেরবছরই (১৯৮৮) বিভিন্ন সংবাদপত্রের শিরোনাম থেকে জানা গেল পাকিস্তানের প্রেসিডেন্ট জেনারেল জিয়া উল হক আর নেই। সেনাবাহিনী পরিদর্শন সফরে একটি লকহিড সি-১৩০ হারকিউলিস যুদ্ধবিমানে তাঁর সাথে ছিলেন আমেরিকার রাষ্ট্রদূত আর্নল্ড র‍্যাফেল। ওড়ার কিছুক্ষণ পরই বিমানটি ভেঙে পড়ে বাহাওয়ালপুরে শতদ্রু নদীর কাছে। সেই বিমানে আরো অনেক যাত্রী ছিলেন, কেউই বাঁচেননি। এখানেও নাশকতার সম্ভাবনার কথা উড়িয়ে দেওয়া যায় না। ১৯৯৪ সালে কিগালি বিমানবন্দরের কাছে একটি ডেসল্ট ফ্যালকন-৫০ জেটবিমানকে গুলি করে নামানো হলে একইসঙ্গে মারা যান রুয়ান্ডা ও বুরুন্ডির দুই প্রেসিডেন্ট। প্রথমজন জুভেনাল হাবিয়ারিমানা। অন্যজন ছিলেন সাইপ্রিয়েন টারিয়ামিরা।

পার হয়ে যায় আরো বেশকিছু বছর। বসনিয়া-হারজেগোভিনার মোস্টার শহরে একটি বানিজ্য সম্মেলনে (২০০৪) যোগদান করতে আসছিলেন উত্তর ম্যাসিডোনিয়ার প্রেসিডেন্ট বরিস ট্রাজকোভস্কি। পথে দুর্যোগপূর্ণ আবহাওয়ার কারনে তাঁর বিমান গন্তব্যস্থল থেকে ১৫ কিলোমিটার দূরে পোপলাত গ্রামের কাছে ভেঙে পড়ে। এটাই শেষ নয়। ২০১০ সালে রাশিয়ার স্মোলেন্সক শহরের কাছে এক ভয়াবহ বিমান দুর্ঘটনায় নিহত হন পোল্যান্ডের প্রাক্তন নির্বাসিত প্রেসিডেন্ট রিসজারড কাকজোরস্কি। বিমান দুর্ঘটনায় নিহত ব্যক্তিদের মধ্যে বয়সে তিনিই সবচেয়ে বড়। ওনার সঙ্গে ছিলেন স্বাধীন পোল্যান্ডের প্রেসিডেন্ট লেচ ক্যাকজিনস্কি।

বিমান দুর্ঘটনায় নিহত বিশিষ্ট আরো অনেক ব্যক্তিদের মধ্যে রয়েছেন পানামার নেতা ওমর টরিজোস, সুদানের উপরাষ্ট্রপতি জন গরাং, ভারত সরকারের মন্ত্রী মাধবরাও সিন্ধিয়া প্রমুখ। বিমান দুর্ঘটনার প্রধান কারণগুলোর মধ্যে রয়েছে যান্ত্রিক গোলযোগ, খারাপ আবহাওয়া আর পাইলটের ভুল। প্রযুক্তিগত উন্নতির কারনে বিমান দুর্ঘটনার সম্ভাবনা এখন অনেক কম। তবুও নিশ্চিন্ত থাকা যায় না। কারন বিপদ আসতে পারে যেকোন সময়, যেকোনভাবে।

সেতু কাহিনী

রাবনের হাত থেকে সীতাদেবীকে উদ্ধার করার জন্য মাত্র পাঁচ দিনে তৈরি হয়েছিল রামসেতু, রামেশ্বরম ও শ্রীলঙ্কার অন্তর্ভুক্ত মান্নার দ্বীপের মাঝে সেই সেতুটি আজও আছে, তবে বর্তমানে সেটির উপর দিয়ে কেউ আর চলাচল করে না, শোনা যায় রামসেতুর স্থপতি ছিলেন বিশ্বকর্মার ছেলে নল, সেই কারনে রামসেতুর অন্য নাম নলসেতু। ১৯১৪ সালে চালু হয় তামিলনাড়ুর মন্ডপম শহর থেকে পামবান পর্যন্ত একটি রেলসেতু - পামবান ব্রিজ, ভারতে এটাই সমুদ্রের উপর প্রথম সেতু, ২.০৬৫ কিলোমিটার দীর্ঘ এই সেতুর মাধ্যমে সমুদ্র পেরিয়ে রেল সহজেই পৌঁছে যায় পামবান দ্বীপের রামেশ্বরম ও ধনুষ্কোডি। পামবান সেতুতে আছে ১৪৩ টি খাড়া-স্তম্ভ (পিয়ার), সাধারণত পিয়ারের মাথায় এক বা একাধিক আনুভুমিক-স্তম্ভের (বিম) উপর থাকে সেতুর পাটাতন (ডেক), দুটি পিয়ারের মাঝে দূরত্ব বা ডেকের অংশকে বলা হয় স্প্যান, পামবান সেতুর একটি স্প্যানের নাম শ্রেজার-স্প্যান, সেটির নকশা তৈরি করেছিলেন আমেরিকার একজন ইঞ্জিনিয়ার উইলিয়াম ডোনাল্ড শ্রেজার, জাহাজ চলাচলের জন্য সেই স্প্যানটি প্রয়োজন মতো দুই ভাগ হয়ে উপরের দিকে উঠে যায়।

পাটাতন বা ডেকের উপর মানুষের হাঁটাচলা ও যানবাহনের ছোটাছুটি। আগে সেতু ছিল অতি সাধারণ, কখনো সেটি জল-কাদার উপর পায়ের নাগালে থাকা কয়েক টুকরো পাথর ছাড়া আর কিছুই না, সেগুলোর উপর

দিয়ে হেঁটে লাফিয়ে ছোট ছোট বাধা অতিক্রম করা যায় সহজেই, অনেকসময় খাল বা গিরিখাদ পেরোনোর জন্য ব্যবহার করা হত বড় বড় গাছের গুঁড়ি, ধীরে ধীরে সেতুর বিবর্তন, পিয়ারের উপর স্ল্যাব - সবকিছুই পাথরের, তৈরি হয় ক্ল্যাপার ব্রিজ, সেখানে হাঁটাচলার প্রভাবে কানে আসে পাথরে পাথরে ঠোকাঠুকির আওয়াজ, এইধরনের সেতু দেখা যায় ইংল্যান্ডের অনেক জায়গায়।

সম্প্রতি বাংলাদেশে পদ্মানদীর উপর তৈরি হয়েছে ৬.১৫ কিলোমিটার দীর্ঘ একটি দ্বিতল সেতু, এটির উপরের তলে রয়েছে চার লেনের সড়ক, নিচে ছোটে ট্রেন। এই সেতুর মাধ্যমে কোলকাতা থেকে মাত্র কয়েক ঘণ্টায় পৌঁছান যায় বাংলাদেশের রাজধানী ঢাকা। সেতু এমনভাবে তৈরি করতে হয় যাতে সেটি নিজের ভার এবং তার উপর পরিবর্তনশীল আরো অনেক ভার বহন করতে পারে, রেল চলাচলের উপযুক্ত সেতুর নাম ট্রাস-ব্রিজ, ট্রাস হল বিমের মতো একধরনের কাঠামো, এতে থাকে এক বা একাধিক ত্রিভুজাকার অংশ, ওজন কম হলেও ট্রাসের ভার বহনের ক্ষমতা অনেক, এটির মাধ্যমে সেতু ও যানবাহনের ওজন সমস্ত কাঠামোয় ছড়িয়ে পড়ে। পৃথিবীর সবচেয়ে প্রাচীন ট্রাস-ব্রিজের নাম চ্যাপেল সেতু, এটি আছে সুইজারল্যান্ডের লুসার্ন শহরে, রিউস নদীর উপর এই কাঠের সেতু তৈরি হয়েছিল ১৩৬৫ সালে, সেতুর ছাদে রয়েছে চিত্রসমৃদ্ধ অসংখ্য স্ট্রাস, শোনা যায় সেইসব ছবি আঁকা হয়েছিল সপ্তদশ শতাব্দীতে, পরবর্তীকালে এক ভয়াবহ অগ্নিকাণ্ডে সেতুর অনেক মূল্যবান ছবি নষ্ট হয়ে যায়।

উত্তর প্রদেশে যমুনার উপর পুরানো নৈনি সেতুর নির্মাণকার্য্য শেষ হয় ১৮৬৫ সালে, সেতুটির উপরের তলে রেল, নিচে চলাচল করে অন্যান্য যানবাহন, এটিও একটি ট্রাস-ব্রিজ, উনিশ শতাব্দীর ছয়ের দশকে সেই নৈনি সেতুর সাদাকালো ছবি তুলেছিলেন বিশিষ্ট চিত্রগ্রাহক স্যামুয়েল বোর্ন, কোলকাতার বোর্ন অ্যান্ড শেফার্ড স্টুডিওর তিনি ছিলেন একজন অংশীদার। ১.০০৬ কিলোমিটার দীর্ঘ এই সেতুটির মাধ্যমে এলাহাবাদের (বর্তমান প্রয়াগরাজ) সঙ্গে যুক্ত হয়েছে নৈনি শহর, ব্রহ্মপুত্র নদের উপর ৪.৯৪ কিলোমিটার দীর্ঘ বগিবিল সেতু আসামের একটি বিশেষ গুরুত্বপূর্ণ ট্রাস-ব্রিজ, এতে রেল ও অন্যান্য যানবাহন দুইই চলে, এই সেতুর মাধ্যমে ডিব্রুগড় থেকে কম সময়ে ধেমাজি হয়ে পৌঁছান যায় অরুণাচল প্রদেশের রাজধানী ইটানগর, বগিবিল সেতু রিখটার স্কেলে ৭ মাত্রার ভূমিকম্প সহ্য

করতে পারে, ভারতের দীর্ঘতম এই রেলসেতুটি নির্মাণ করতে সময় লেগেছিল প্রায় ১৭ বছর।

বিম-ব্রিজের ডেক বসানো থাকে বিমের উপর, অনেকসময় সেতুর বিম ও ডেকের মধ্যে কোনো পার্থক্য থাকে না, কেরালায় ভেম্বানাদ লেকের উপর ৪.৬২ কিলোমিটার দীর্ঘ রেলসেতুটি একটি বিম-ব্রিজ, রেলের যাত্রা শুরু হয় এদাপল্লী থেকে, গন্তব্য ভেম্বানাদ সেতু ধরে ভাল্লারপদম, পথে তিনটি দ্বীপ, ২৩১ টি গার্ডার ও ১৩২ টি স্প্যানের এই সেতুটি নির্মাণ করেছে ভারত সরকারের একটি সংস্থা রেল বিকাশ নিগম লিমিটেড, শক্তিশালী বিমের অন্য নাম গার্ডার, ভেম্বানাদ রেলসেতুর একেকটি গার্ডারের ওজন ২২০ টন। লুইজিয়ানা রাজ্যে আমেরিকার সবচেয়ে বড় সেতুটির নাম লেক-পন্টকারট্রেন সেতু, এই বিম-ব্রিজটির মাধ্যমে লেকের উত্তর প্রান্তে ম্যান্ডেভিল থেকে সহজেই পৌঁছানো যায় দক্ষিণে নিউ অর্লিয়েন্স শহরের মেটারিতে, একটানা জলের উপর এতবড় সেতু পৃথিবীর আর কোথাও নেই। ব্রহ্মপুত্র নদের উপর ধলা-সাদিয়া সেতুটি বিম-ব্রিজের আরেক উদাহরণ, ৯.১৫ কিলোমিটার দৈর্ঘ্যের এই সেতুর উপর দিয়ে রেল ছাড়া অন্যান্য যানবাহন চলাচল করে, বর্তমানে এটি ভারতের দীর্ঘতম সেতু।

বিহারে গঙ্গার উপর মহাত্মা গান্ধী সেতু একটি গার্ডার-ব্রিজ, এর গার্ডারগুলি দেখতে আর্চ বা খিলানের মতো, এই সেতুর উপর দিয়ে অতিক্রম করেছে ২২ ও ৩১ নম্বর জাতীয় সড়ক দুটি। প্রচন্ড দুলুনির জন্য উদ্বোধনের পর বন্ধ করা হয়েছিল রাশিয়ার ভলগোগ্রাদ প্রদেশে ভোলগা নদীর উপর কংক্রিট-গার্ডার সেতুটি, অবশেষে টিউনড-মাস-ড্যামপার লাগানোর পর সমস্যার সমাধান হয়। গার্ডার ব্রিজের প্রসঙ্গ উঠলেই মনে পড়ে যায় কেনিয়ার সাভো সেতুর কাছে কেশরহীন দুই নরখাদক সিংহের কথা, কেনিয়া-উগান্ডা রেলপথের অংশ সাভো নদীর উপর সেতুটি নির্মাণের কাজ শুরু হয়েছিল ১৮৯৮ সালে, শোনা যায় সেই সিংহদুটোর হাতে মারা পড়ে ১৩০ জনেরও বেশি শ্রমিক, বন্ধ ছিল অনেকদিন ধরে সাভো সেতু নির্মাণের কাজ, অবশেষে আতঙ্কের অবসান ঘটান কর্নেল জন হেনরি প্যাটারসন, নিহত হওয়া প্রথম সিংহটির - নাক থেকে লেজের আগা পর্যন্ত - দৈর্ঘ্য ছিল প্রায় ১০ ফুট, সেটাকে তাঁবুর কাছে অনেক পরিশ্রম করে তুলে নিয়ে এসেছিল ৮ জন।

স্প্যানের মাঝখানটি সেতুর সবচেয়ে দুর্বল জায়গা, খিলানের (আর্চ) সাহায্যে এই জায়গার ভার সরাসরি পিয়ারের উপর অথবা সেতুটির দুপাশের অবলম্বনের (অ্যাবাটমেন্ট) দিকে পাঠিয়ে দিলে সেতুর কোনো ক্ষতি হয় না, আর্চ-ব্রিজের ভার বহনের ক্ষমতা অনেক। দক্ষিণ গ্রিসের একটি ভৌগলিক অঞ্চলের নাম পেলোপনেস, সেখানে আছে বহু প্রাচীন আর্কাডিকো-আর্চ-ব্রিজ, এখনো সেটির উপর দিয়ে মানুষ চলাচল করে। এইধরনের আরেকটি সেতু তুরস্কের ইজমিরে মেলিস নদীর উপর ক্যারাভান সেতু, সেটি তৈরি হয়েছিল আনুমানিক ৮৫০ খ্রিস্টপূর্বাব্দে। উত্তরবঙ্গের দুই জেলা দার্জিলিঙ ও কালিম্পঙকে যুক্ত করেছে করোনেশন সেতু, তিস্তা নদীর উপর এই সেতুর কংক্রিটের আর্চটিও খুব সুন্দর।

আর্চ দেখতে অনেকটা বাঁকা বিমের মতো, এরই সাহায্যে জম্মু ও কাশ্মীরে চন্দ্রভাগার উপরে তৈরি হয়েছে চেনাব রেলসেতু, নদীগর্ভ থেকে ৩৫৯ মিটার উচ্চতায় এটি পৃথিবীর উচ্চতম রেলসেতু। লেক এরি থেকে লেক ওন্টারিও পর্যন্ত নায়াগ্রা নদীর উপর সেতুর সংখ্যা অনেক, পাঁচ আর্চের পিস-ব্রিজের মাধ্যমে কানাডা থেকে প্রবেশ করা যায় আমেরিকা যুক্তরাষ্ট্রে, ১৯৩৮ সালে নায়াগ্রা জলপ্রপাতের কাছে হানিমুন সেতু ভেঙে যাওয়ার পর সেখানে তৈরি হয় রেনবো সেতু নামে আরেকটি আর্চ-ব্রিজ, এটিও একটি আন্তর্জাতিক সেতু, কাছেই আরো দুটি আর্চ-ব্রিজ, হোয়ার্লপুল সেতু ও মিচিগান সেন্ট্রাল রেলওয়ে সেতু, সেগুলো তৈরি করা হয়েছিল রেল চলাচলের জন্য, পাহাড়ি খাদের উপর আর্চ-ব্রিজ সহজে তৈরি করা যায়।

গোদাবরী নদীর উপরেও আছে একাধিক সেতু, রেল ও সড়ক পথের সমন্বয়ে কোভভুর-রাজামুন্দ্রি ট্রাস-ব্রিজটির দৈর্ঘ্য ৪.১ কিলোমিটার, ২৭ স্প্যানের এই সেতুটি তৈরি হয় ১৯৭৪ সালে। অতিরিক্ত অবলম্বন হিসাবে কখনো ডেকের উপর দেখা যায় আর্চ, সেখান থেকে ডেক ঝুলে থাকে, গোদাবরী আর্চ ব্রিজ সেরকমই একটি উদাহরণ। অনেক সময় ডেকের অবস্থান দেখা যায় আর্চের ভেতরে, এইধরনের সেতুকে বলা হয় থ্রু-আর্চ-ব্রিজ, সিডনি হারবার সেতু সেরকমই, যেন কোট ঝুলিয়ে রাখার জন্য তৈরি হয়েছে, এটিকে তাই কোট হ্যাঙার বলা হয়, এই সেতুর উপর দিয়ে ট্রেনসহ আরো অনেক যানবাহন চলাচল করে, এটিই পৃথিবীর দীর্ঘতম স্টিল-আর্চ-ব্রিজ। থ্রু-আর্চ-ব্রিজ দেখা যায় জার্মানির রেমাজেন শহরে, রাইন নদীর উপর সেই সেতুটির নাম লুডেনডর্ফ সেতু, দ্বিতীয় বিশ্বযুদ্ধের সময় জার্মান সৈন্যরা আগে থেকেই সেটিকে উড়িয়ে দেবার ব্যবস্থা করেছিল, কিন্তু

সলোমনের রত্নভাণ্ডার

সময়মতো কাজটি না হওয়ায় আমেরিকান সৈন্যদের পক্ষে জার্মানির ভেতরে ঢুকে পড়তে খুব একটা অসুবিধা হয়নি।

কখনো বহুদূরের কোনো উৎস থেকে খালের (অ্যাকুইডাক্ট) মাধ্যমে জল চলে যায় নানা জায়গায়, এপার থেকে ওপারে যাওয়ার জন্য খালের উপর তৈরি হয় সেতু, আবার কখনো সেই সেতুর সাহায্যেই করা হয় এক জায়গা থেকে অন্য জায়গায় জল পাঠানোর ব্যবস্থা, খাল ও সেতুর মধ্যে আর কোনো পার্থক্য থাকে না। ফ্রান্সে গার্ডন নদীর উপর তৈরি হয়েছিল চুনাপাথরের একটি খিলানযুক্ত অ্যাকুইডাক্ট, ত্রিস্তর সেই সেতুটির নাম পন্ট-দু-গার্ড, এর উপরের স্তর দিয়ে জল চলে যেত নিমেস শহরে, জার্মানির ম্যাগডেবার্গ শহরে খালের উপর একটি জলভরা সেতু অ্যাকুইডাক্টের আরেকটি সুন্দর উদাহরণ, এটির মধ্য দিয়ে চলাচল করে বড় বড় জাহাজ, তবে এই সেতুতে কোনো আর্চ নেই।

বসনিয়া-হার্জেগোভিনার ভিসেগ্রাদ শহরে ড্রিনা নদীর উপর একটি আর্চ-ব্রিজ আছে, ষোড়শ শতাব্দীর মাঝামাঝি সেতুটি তৈরি করান অটোমান সাম্রাজ্যের প্রধানমন্ত্রী মেহমেদ পাশা সোকোলোভিক, প্রথম জীবনে তিনি ছিলেন খ্রিস্টান, সেতুটির নকশা বানিয়েছিলেন স্থপতি মিমার সিনান, প্রথম বিশ্বযুদ্ধে সেই সেতুর তিনটি খিলান ধ্বংস হয়ে যায়, সেতু নিয়ে একটি কালজয়ী উপন্যাস - দ্য ব্রিজ অন দ্য ড্রিনা - লিখেছিলেন যুগোস্লাভিয়ার সাহিত্যিক আইভো অ্যানড্রিক।

নদীতে অনেকসময় কোনো পিয়ার স্থাপন করা যায় না, প্রয়োজনে তখন তৈরি করতে হয় ঝুলন্ত সেতু, এইধরনের সেতুর দেখা পাওয়া যায় উত্তরাখন্ডের হৃষিকেশে, সেখানকার একটি বিখ্যাত সেতুর নাম লছমন ঝুলা, গঙ্গার দুইপাড়ে দুটি উঁচু-স্তম্ভের (টাওয়ার) উপর শক্ত তারের (কেবল) সাহায্যে ঝোলে সেতুটির ডেক, এইধরনের সেতুকে বলা হয় সাসপেনসন-ব্রিজ, ডেকের ভার কেবলের মাধ্যমে বহন করে পিয়ারদুটি। পেলিং থেকে ৫ কিলোমিটার দূরে সিংসোর সেতু, খাদের উপর এই সেতুটি বর্তমানে এশিয়ার দ্বিতীয় উচ্চতম সাসপেনসন-ব্রিজ, এইধরনের সেতুর দেখা মেলে পৃথিবীর অনেক জায়গায়। নরওয়ের হারডেঞ্জার সেতুটি তৈরি হয়েছে ফিওর্ডের উপর, তুরস্কের বসফোরাস সেতু এশিয়া মহাদেশকে যুক্ত করেছে ইউরোপের সঙ্গে, জাপানে হোনসু থেকে কিউসু দ্বীপে যাওয়ার একটি মাধ্যম কানমন সেতু, পৃথিবীর সর্বাধিক ছবি তোলা সেতুটি এককথায়

সলোমনের রত্নভাণ্ডার

ক্যালিফোর্নিয়ার গোল্ডেন গেট ব্রিজ, এটির ডেক স্ট্রাসের উপর, খুব সাহসী না হলে ওঠাই যায় না যেখানে সেটি হল চিনের ঝাংজিয়াজি সেতু, পায়ের নিচে কাঁচ, উপর থেকে নিচেরদিকে তাকালে সবকিছু দেখা যায়।

কখনো দুটি টাওয়ার অনেকগুলি আড়াআড়ি কেবলের সাহায্যে সেতুর ডেকের ভার বহন করে, ইংরিজিতে এইধরনের সেতুকে বলা হয় কেবল-স্টেড-ব্রিজ, কোলকাতায় এরকম একটি ব্রিজের নাম বিদ্যাসাগর সেতু, ৮২৩ মিটার দীর্ঘ এই সেতুটি ভারতের মধ্যে দীর্ঘতম কেবল-স্টেড-ব্রিজ, মহারাষ্ট্রের বান্দ্রা-ওরলি-সি-লিংক সেতুতে রয়েছে সাসপেনসন-ব্রিজের বৈশিষ্ট্য, নাম শুনলেই বোঝা যায় ৫৫ কিলোমিটার দীর্ঘ হংকং-ঝুহাউ-ম্যাকাও সেতুটি একই সুতোয় গেঁথেছে চিনের গুরুত্বপূর্ণ অনেক জায়গা। একসময় উত্তর ও দক্ষিণ আমেরিকার মাঝখানে একটি প্রাকৃতিক সেতু ছিল, পানামা খাল কাটার পর আটলান্টিকের সঙ্গে প্রশান্ত মহাসাগর জুড়তেই আলাদা হয়ে যায় দুই মহাদেশ, অনেকদিন কারো সঙ্গে কোনো যোগাযোগ ছিল না, অবশেষে সেই মহাদেশদুটির মধ্যে সম্পর্ক স্থাপন করে সেন্টিনিয়াল সেতু।

লন্ডন গিয়ে টাওয়ার ব্রিজ না দেখার কথা ভাবাই যায় না, টেমস নদীর উপর এই সেতুটির দুইপাশের স্প্যানগুলি টাওয়ারের সঙ্গে লাগানো কেবল থেকে ঝোলে, কখনো দরকার পড়লে জলযানের চলাচলের জন্য এর মাঝের স্প্যানটি দুভাগে ভাগ হয়ে উপরের দিকে উঠতে থাকে, সেই দৃশ্য বড়ই অদ্ভুত। অনেক সেতুতে দেখা যায় সাসপেনসন-স্প্যান, সেতুর এই অংশটি ট্রাসের সাহায্যে মুখোমুখি দুটি ক্যান্টিলিভার স্প্যানের মাঝখানে বসানো হয়, ক্যান্টিলিভার স্প্যানগুলি দেখা যায় একদিকে ঝুলে থাকা ট্রাসের বাইরে অথবা ভেতরে, কোলকাতায় হাওড়া সেতু একধরনের ক্যান্টিলিভার-ব্রিজ, একটি সাসপেনসন ও দুটি ক্যান্টিলিভার স্প্যানের সমন্বয়ে তৈরি এই সেতুর মাঝের স্প্যানটি ৩৯ জোড়া হ্যাঙারের মাধ্যমে সংশ্লিষ্ট ট্রাসগুলির নিচের অংশ (কর্ড) থেকে ঝুলছে। ইংল্যান্ডের ফোর্থ সেতুর উপর দিয়ে দিনে ২০০ ট্রেন যাতায়াত করে, পৃথিবীর দীর্ঘতম ক্যান্টিলিভার-ব্রিজ কানাডার কিউবেক সেতু দুবার ভেঙেও পড়ে, দুটি দুর্ঘটনায় মৃত্যু হয় ৮৮ জন শ্রমিকের।

হাওড়া ব্রিজ তৈরির আগে কোলকাতায় একটি ভাসমান সেতু বা পন্টুন ব্রিজ ছিল, চুনার দুর্গের কাছে গঙ্গার উপর ওরকম সেতু আজও দেখা যায়।

প্রকৃতি নিজের খেয়ালে তৈরি করে নানারকম সেতু, এশিয়া ও আফ্রিকার মাঝে আছে ইস্থমাস বা ভুমিসেতু, শীতকালে আর্কটিক সাগরের জল জমে গেলে রাশিয়া ও কানাডার মাঝে তৈরি হয় ৬৭০০ কিলোমিটার দীর্ঘ বরফের সেতু, মেঘালয়ে খাসি উপজাতির মানুষেরা দেশীয় রাবার গাছের শেকড় দিয়ে সম্পূর্ণ প্রাকৃতিক উপায়ে তৈরি করেন নদীর উপর ঝুলন্ত সেতু।

জাপানের এসিমা-ওহাসি সেতু একটি রিজিড-ফ্রেম-ব্রিজ, এর উপর ও নিচের অংশে কোনো জোড়া নেই, কংক্রিটের এই সেতুটি যেন একটিমাত্র পাথর কেটে তৈরি, এর নিচ দিয়ে জাহাজ চলাচল করে। কখনো সেতু ঢুকে পড়ে জলের গভীরে, ৫০.৪ কিলোমিটার দীর্ঘ চ্যানেল টানেলের মাধ্যমে যাওয়া যায় ব্রিটেন থেকে ইউরোপে, জাপানে সমুদ্রের নিচ দিয়ে হোনসু থেকে হোক্কাইডো যাওয়ার ব্রিজটি হল সাইকান টানেল, চিনের হংকং-ঝুহাউ-ম্যাকাও ব্রিজেও রয়েছে টানেলের অস্তিত্ব, ডেনমার্ক ও সুইডেনকে জুড়েছে ওরেসান্ড সেতু, ওরেসান্ড প্রণালীর মাঝে একটি কৃত্রিম দ্বীপ থেকে টানেল গেছে ডেনমার্কের দিকে, সেই পথ দিয়ে রেল ছোটে। কথায় কথায় এসে যায় আরো অনেক সেতুর প্রসঙ্গ, ফ্রান্সে সাইন নদীর উপর লাভলক সেতু আজ তালার ভারে বিপন্ন, ভালবাসাকে অমর করে রাখতে এই সেতুর রেলিংয়ে তালা লাগিয়ে চাবিগুলি নদীর জলে ফেলে দিয়েছে অনেক প্রেমিক প্রেমিকা।

দ্বিতীয় বিশ্বযুদ্ধের সময় জাপানীদের হাতে থাইল্যান্ডের কোয়াই নদীর উপর একটি রেল সেতু তৈরি করার সময় লক্ষাধিক শ্রমিক ও যুদ্ধবন্দির মৃত্যু হয়, বার্মায় কাঠের তৈরি বহু প্রাচীন ইউ-বাইন সেতুটি আজও মানুষ ব্যবহার করে, সেতুটির দৈর্ঘ্য ১.২ কিলোমিটার, কম্বোডিয়ায় সিয়েম-রিপ নদীর উপর স্পিয়ান-থমা সেতুর খিলানটিও বেশ অদ্ভুত, সেইদেশে বাঁশের তৈরি ১.০০৫ কিলোমিটার দীর্ঘ কো-পিন সেতুর উপর দিয়ে অনায়াসে সাইকেল চালানো যায়, বার্মুডার সোমারসেট সেতুটি সারা পৃথিবীর মধ্যে সবচেয়ে ছোট, অন্যদিকে উত্তর ইংল্যান্ডে টিজ নদীর জলে ইনফিনিটি সেতুর প্রতিবিম্ব যেন অনন্ত অসীমের রূপ, ২০.৫ কিলোমিটার দীর্ঘ কায়রোর একটি সেতু দুবার পেরোয় নীলনদ, সেটির নামও খুব অদ্ভুত - ৬ই অক্টোবর সেতু !

চলার পথে মানুষ অনেক বাধা অতিক্রম করে সেতুর মাধ্যমে, বর্তমানে ভারতেই সেতুর সংখ্যা প্রায় দেড় লক্ষের কাছাকাছি, ১৬৫ কিলোমিটার পথ পাড়ি দিয়ে চিনের দানিয়াং-কুনসান রেলসেতুটি এখনো পর্যন্ত সবার সেরা,

ফ্রান্স ও জার্মানিকে মৈত্রীর বন্ধনে বেঁধেছে ফ্রেন্ডশিপ ব্রিজ, সেতু ছাড়া এগোনোর কথা ভাবাই যায় না ভেনিসে, গ্র্যান্ড ক্যানালে গন্ডোলার আনাগোনা, উপরে বিখ্যাত রিয়ালটো সেতু, শুধু কি তাই ? সেতুর সঙ্গে জড়িয়ে আছে ভেনিসের মানুষের আবেগ, তাদের বিশ্বাস সূর্যাস্তের সময় ব্রিজ-অফ-সাইসের নিচে গন্ডোলায় যুগলের চুম্বনে প্রেম হয় অক্ষয়, দুটি হৃদয় জুড়ে যায় সেতুর মাধ্যমে...

তথ্যসূত্র

artsandculture.google.com
theregistryofsarees.com
mymoledro.com
researchgate.net
whc.unesco.org
testbook.com
cais-soas.com
sciencedirect.com
goodreads.com
bibleplaces.com
cruisemapper.com
historic-uk.com
wikipedia.org
airandspace.si.edu
unccd.int
un.org
britannica.com
wiki.fibis.org

Milton Keynes UK
Ingram Content Group UK Ltd.
UKHW031200251124
451529UK00004B/348

9 798896 105282